taking tea at the Savoy
サ ヴ ォ イ で お 茶 を

アントン・エイデルマン

taking tea at the Savoy
by
Anton Edelmann

Text © Anton Edelmann, 1999
Copyright © Pavilion Books Ltd. 1999
All rights reserved.

Photographs by Laurie Evans
Designed by Andrew Barron & Collis Clements Associates

Japanese translation rights arranged with
Pavilion Books Limited, London
through Tuttle-Mori Agency, Inc., Tokyo

日本の読者のみなさんへ
サヴォイのアフタヌーンティーへ、ようこそ！

　19世紀の終わりにロンドンのテムズ河沿いで開業して以来、サヴォイ・ホテルは世界中からさまざまなお客さまを迎えてきました。

　当ホテルこそは、まさにホテル・カルチャー発祥の地。その歴史とカルチャーを代表するものとして、長年私たちは、アフタヌーンティーを根付かせてきたのです。料理長の私は、スタッフとともに20年以上、アフタヌーンティーでおもてなしをしてきました。その私たちの仕事の集成が、ついに日本のみなさんに読んでいただけるようになったと聞き、これ以上の喜びはありません。

　この本をお読みになり、あるいは実際に料理をおつくりになって、私たちが大事に育ててきたアフタヌーンティーのカルチャーを少しでも楽しんでいただけることを、切に願っています。

　そしてぜひ、いつの日かイギリスにいらして、テムズ河沿いでの「サヴォイでお茶」を、実現してください。そのときがくるのを、私たちは楽しみにお待ちしております。

サヴォイ・リバー・レストラン総料理長
アントン・エイデルマン

謝辞

　何事も、熱意がなければいいものはつくり出せない。この本をつくる上で手助けをしてくれたすべての仲間と友人たちの、仕事に対する情熱と、その質の高さに対し、感謝したい。中でもサヴォイ・グループの社長ミスター・パジャレス、サヴォイ・ホテルの総支配人ミスター・シェパード、そして飲食部門マネージャーのミスター・クレンザーには、お世話になった。また、サヴォイ・レストランのシェフたち、とくにペストリー・シェフのウィリアム・カーリーをはじめ、デレク・ルーク、スティーヴン・ウィル、ポール・ハート、ニコラス・ダンカンにも、感謝を。その他、理解と寛容と厚意を示してくれたすべての人たち、ありがとう。

参考図書

A Cup of Tea by Geraldene Holt (Pavilion, 1991)

That Tea Book by Patricia Rose Cress (1990)

The Book of Tea & Coffee by Sarah Jane Evans and Giles Hilton (Pavilion, 1998)

The East India Company Book of Tea by Antony Wild (HarperCollins, 1997)

The New Penguin Dictionary of Quotations by JM and MJ Cohen
(Penguin, 1996)

The Penguin Dictionary of Twentieth-Century Quotations by JM and MJ Cohen
(Penguin, 1996)

目次

おすすめのメニュー 7

ケーキとビスケット

ガトーショコラ
グランマルニエ風味 10

キャロットケーキ アーモンド風味 12

シナモンマドレーヌ 14

ミニメレンゲ 15

ダンディーケーキ 16

ライト・アンド・シンプル
フルーツケーキ 18

パッションフルーツと
チョコレートのショートブレッド 22

マカロン 23

ザッハトルテ 26

レモンフイユテ 28

ペストリー

アップルタルト 30

ベイクトチョコレートチーズケーキ 32

ベークウェル・タルト 33

エキゾチックフルーツの
タルトレット 34

チェリータルト
シュトロイゼル添え 36

ミニシューバンズ 38

洋梨のカスタードタルト 42

ラズベリーミルフィーユ 44

ロイヤルビスケット 46

サヴォイ風
シューペストリー スワン 47

ストロベリータルトレット 48

トラディショナル・
フレンチオレンジタルト 50

クルミのパイ 51

プディング

ブリュレカプチーノ 52

パイナップルとジンジャーのケーキ 54

ホットチョコレートプディング 56

スコーン&バンズ

アプリコットとペカンナッツの
ハニーバンズ 60

ドーナッツ 61

マフィン 62

スコーン 64

軽食のレシピ

カッテージチーズとパイナップルの
サンドウィッチ 66

クリームチーズとマーマイトの
サンドウィッチ 66

チーズパフ ワカモレ添え 68

アボカドクリームサンドウィッチ
プラムトマト&レッドオニオン入り 70

キュウリのサンドウィッチ
タマゴ&ミント入り 70

ハーブスコーン ホワイトクラブミート&
キャビア添え 72

ハチミツとハムのビスケット 73

エビとスプリングオニオンのドライトマト
ブレッド・サンドウィッチ 74

ローストビーフサンドウィッチ
ワサビクリーム和え 74

スモークサーモンベーグル 78

チーズサブレ 79

ホウレンソウとチェダーのエクルズ 80

トマトスネイル 82

スイスマッシュルーム・レアビット 84

ベースのレシピ

ペストリークリーム 86

フランジパーヌ 88

シュー皮用生地 88

パフペースト 89

スイートペストリー 90

シュガーシロップ 90

おすすめメニュー

屋外で

チーズパフ　ワカモレ添え

トマトスネイル

レモンフイユテ

洋梨のカスタードタルト

シナモンマドレーヌ

エキゾチックフルーツのタルトレット

ベイクトチョコレートチーズケーキ

パイナップルとジンジャーのケーキ

チーズサブレ

トラディショナルに

エビとスプリングオニオンの
ドライトマトブレッド・サンドウィッチ

アボカドクリームサンドウィッチ
プラムトマト＆レッドオニオン

スコーン

ストロベリータルトレット

サヴォイ風シューペストリー　スワン

トラディショナル・
フレンチオレンジタルト

ダンディーケーキ

お子さまに

ハチミツとハムのビスケット

ロイヤルビスケット

ドーナッツ

アプリコットとペカンナッツの
ハニーバンズ

ホットチョコレートプディング

お祝いに

ハーブスコーン
ホワイトクラブミート＆キャビア添え

ミニメレンゲ

ライト・アンド・シンプル
フルーツケーキ

チェリータルト　シュトロイゼル添え

ラズベリーミルフィーユ

はじめに

　アフタヌーンティーと聞いて、あなたは何を思い浮かべるでしょう。流行の帽子をかぶったレディが、花柄の茶会服を着て白い手袋をはめ、ボーンチャイナのカップからアールグレイを飲む姿？　ほっそりとした指を宙で止め、銀のフォークで優雅にフルーツタルトをすくったり、みみを落としたキュウリのサンドウィッチを上品に口に運んだり。そのうしろでは、ピアニストが落ちついた曲を奏で、洗練された会話が静かにあたりを満たす……。そんな光景でしょうか。

　もちろん、そうしたイメージも、サヴォイ・ホテルにとって遠い過去のものではありません──帽子と手袋にはお目にかかれませんが。このごろのティールームは、午後をむかえると、老若男女にかかわらず、さまざまな人でいっぱいになります。「茶の道」を真に理解する国、日本からの旅行者もいれば、お嬢さんが年老いた母親を連れて訪れる姿も。そのかたわらでは、ウェイターがにこやかな笑顔を浮かべ、軽くなったティーポットには即座にお湯を注ぎ足し、万事順調であるよう気を配っているのです。王族や国家元首、名士たちに好んで利用されてきたサヴォイですが、最近では映画スターやスーパーモデル、ポップスター、そのほかさまざまな

> 「人生で、アフタヌーンティーと称される儀式に捧げる時間ほど、うれしいものはない」
>
> **『ある婦人の肖像』**
> ヘンリー・ジェイムズ
> （米国から英国に帰化した小説家）

有名人(セレブリティ)も見かけるようになりました。

　英国的な洗練の極みであり、しかも日常的に楽しめるごちそうといえば、アフタヌーンティーに勝るものはないでしょう。サヴォイでは、このアフタヌーンティーを週に800人分、上品でしかも華麗な雰囲気の部屋"テムズ・フォイヤー"で提供しています。そこでは、ゆったりとした椅子からカーペットやテーブルリネンに至るまでがグリーンとピンクの二色に染められ、ピンクのラインに大きなＳ字形の渦巻きがからむ白い陶器で、紅茶が運ばれます。タキシード姿のピアニストが弾く白いグランドピアノに描かれる、古き良き時代の奔放なお嬢さんや、複葉機、カクテルの盆を手にしたボーイなどの黒いシルエット。壁を彩る庭園の絵と、アールデコ調の鏡が、ゴージャスな雰囲気にちょっぴりキッチュな感じを添えています。

　パトリシア・ローズ・クレスは、著書『ザット・ティー・ブック』の中で、こう述べています。「そこは、実物と見まごう庭園の絵と、美しいアールデコの鏡に囲まれた、ほぼ完璧な居場所。すわり心地のいいソファに腰かけ、この上ない雰囲気に酔ってください」

　つまり、時間をかけてくつろぐ場所なのです。お友だちとおしゃべりをし、家族と誕生日を祝い、雨の午後は物思いにふける……そのための場所として、これ以上ぴったりのところはないでしょう。あるいは、ただぼんやりと、世界が動いていくのをながめるためにも……。

ガトーショコラ　グランマルニエ風味
chocolate gâteau with grand marnier

直径17.5cm
1個分

スポンジケーキ（直径17.5cm）　1台

アプリコットジャム　大さじ2
裏ごししておく

オレンジジュース　125ml

グランマルニエ　大さじ5

板ゼラチン　2枚

上質のミルクチョコレート　350g

ヘビークリーム
（乳脂肪濃度の高いクリーム）　300ml

ヘーゼルナッツ（粉末）　大さじ1

ショートブレッドベースの材料

薄力粉　70g

グラニュー糖　30g

無塩バター　40g
室温にもどしておく

卵黄　1個分

オーブンを180℃に温めておく。天板にオーブンシートを敷く。

ショートブレッドベースを作る。ボールに小麦粉と砂糖とバターを入れ、なめらかになるまで混ぜる。つなぎに卵黄を加えてさらに混ぜる。オーブンシートを敷いた天板に生地を流し、厚さ5mm、直径17.5cmのきれいな円形に広げる。表面全体にフォークで穴をあける。15分冷蔵庫でねかせる。

ショートブレッドを約12分、黄金色になるまで焼く。ケーキクーラーにのせて冷ます。

スポンジケーキを厚さ5mmで水平に切り取る。残りはほかのレシピにとっておく。

冷めた天板にオーブンシートを敷き、その上にショートブレッドベースを置く。アプリコットジャムを温めて溶かし、ショート

ブレッドにむらなく塗る。その上にスポンジケーキをのせ、そっと押し合わせる。オーブンシートを敷いた上に直径18.5cm、深さ5cmのフラン型（フランを焼くための底のない金輪型）を置き、ショートブレッドとケーキを中に入れる。

オレンジジュース半量とグランマルニエ大さじ1½を混ぜ、はけでケーキの表面に塗る。

板ゼラチンを大さじ3½の冷水につけてふやかす。余分な水気を切ってボウルに入れ、残りのオレンジジュースとグランマルニエを加える。ボウルを湯せんにかけ、ゼラチンが溶けるまでかき混ぜる。沸騰させないようにすること。

チョコレートを割り、耐熱ボウルか二重鍋の上段に入れる。湯せんにかけ、チョコレートが溶けてなめらかになるまで混ぜる。

湯せんから下ろして少し冷めたら、ゼラチンを溶かしたボウルの中身を加える。

クリームを固くなりすぎない程度に泡立てる。ゼラチンと合わせたチョコレートを加え、なめらかにむらなく混ぜる。これをゆっくりケーキとフラン型のあいだに流し入れ、ケーキの上面にもかけたら、表面をならす。ヘーゼルナッツを目の粗いふるいに入れ、チョコレートクリームの表面に振りかける。

おおいをかけ、約1時間半、チョコレートクリームが固まるまで冷ます。

キャロットケーキ　アーモンド風味
carrot cake with almonds

直径20cm
1個分

古くなった食パンを砕いたもの
（パン粉）　120g

卵黄　4個分

卵白　3個分

グラニュー糖　120g

バニラエッセンス　小さじ1/4

レモンの皮　1/2個分
すりおろしておく

レモンの絞り汁　大さじ1

ニンジン
皮をむいておろしたもの　150g

アーモンドプードル　90g

湯むきしたアーモンド　30g
粗く刻んでおく

ベーキングパウダー　小さじ1/2

オールスパイス（粉末）　小さじ1/4

塩　ひとつまみ

酒石英　小さじ1/4

粉砂糖（飾り用）

オーブンを200℃に温めておく。

直径20cmの円いケーキ型の内側にバターを塗り、パン粉少量をまぶす。卵黄、砂糖、バニラエッセンス、レモンの皮と絞り汁を、スプーンにまとわりつくくらい白っぽくなって、とろりとするまでハンドミキサーで混ぜる。

おろしたニンジン、アーモンドプードル、刻んだアーモンドを、残りのパン粉、ベーキングパウダー、オールスパイス、塩と合わせる。ミキサーで混ぜた生地に加え、スプーンで切るようにさっくりと混ぜる。

卵白に酒石英を加え、軽く角が立つまで泡立て器で混ぜる。卵黄とニンジンを合わせた中に加え、やさしくむらなく、切るように混ぜる。用意しておいた型に流し、30～40分、表面がふくらんで、しっかりした手触りになるまで焼く。ケーキクーラーにひっくり返してのせ、冷ます。

サーブする前に、粉砂糖を振りかける。

シナモンマドレーヌ
cinnamon madeleines

15個分

貝殻の形をしたこの小さな焼き菓子は、17世紀のフランスで生まれました。生みの親のマドレーヌ・シモニンは、ジャン・ポール・デ・ゴンディ枢機卿のお抱え料理人でした。レシピが編み出されたのは、フランス北東部のコメルシの町にある、枢機卿の家のキッチン。彼はその小さな焼き菓子をいたく気に入って、マドレーヌと名づけました。

卵　3個

グラニュー糖　185g

薄力粉　250g

ベーキングパウダー　小さじ2 1/2

シナモンパウダー　小さじ1 1/4

牛乳　70ml

無塩バター　125g
人肌に溶かしておく

ボウルに卵と砂糖を入れ、クリーム状になるまで泡立て器で混ぜる。薄力粉、ベーキングパウダー、シナモンを合わせてボウルにふるい入れ、さらに牛乳も加えて、なめらかになるまで混ぜる。バターを加え、均一に混ぜ合わせる。冷蔵庫で20分ねかせる。

オーブンを190℃に温めておく。

油を塗って打ち粉をした貝殻形のマドレーヌ型に、生地を絞り出す。マドレーヌ型がなければ、5cm大の紙の焼き型でもよい。6分焼く。

すぐに型から外し、ケーキクーラーにのせて冷ます。

ミニメレンゲ
mini meringues

12食分

卵白　80g

グラニュー糖　160g

ヘビークリーム
（乳脂肪濃度の高いクリーム）　100ml
泡立てておく

オーブンを110℃に温めておく。天板にオーブンシートを敷く。

耐熱ボウルに卵白と砂糖を入れて湯せんにかけ、砂糖が溶けるまで泡立て器で混ぜる。湯せんから下ろし、ハンドミキサーで、2倍量の固いメレンゲができるまで混ぜる。

メレンゲを、丸い口金をつけた絞り出し袋に入れる。オーブンシートの上に、幅3cm、厚さ3cmの円筒形に、24個絞り出す。オーブンで4時間、乾燥焼きする。

焼いたメレンゲの底にホイップクリームを少量塗り、クリームをはさむように2個ずつ軽くくっつけてサーブする。

ダンディーケーキ
dundee cake

直径15cm
1個分

スコットランド東部の港町、ダンディーは、名物料理が二つもあることで知られています。ダンディーケーキとダンディーマーマレードです。世界に名高いダンディーマーマレードは、この町の食糧雑貨商によって生み出されました。18世紀のはじめに最初のマーマレード工場がダンディーに建てられると、この有名なジャムは商業的に作られるようになりました。

商業的に作られるようになると、副産物としてオレンジの皮が登場しました。スコットランド人の才覚の見せどころです。余ったオレンジの皮を捨てるかわりに、倹約家のスコットランド人はダンディーケーキのレシピを編み出し、オレンジピールを風味づけに使って、このケーキを、類いまれなる独特の味に仕上げたのです。

無塩バター　125g
室温にもどしておく

グラニュー糖　185g

卵（L）　2個

薄力粉　185g

ベーキングパウダー　小さじ1

干しブドウ（サルタナレーズン）　200g

砂糖漬けのオレンジピール　150g
千切りにしておく

オレンジの皮　1/2個分
すりおろしておく

レモンの皮　1/2個分
すりおろしておく

湯むきしたアーモンド　30g

グラニュー糖（飾り用）

オーブンを180℃に温めておく。

直径15cmの深めのケーキ型に油を塗り、打ち粉をしておく。

バターと砂糖を混ぜ、ふんわりとクリーム状になったら、そっと卵を加える。生地が分離しないように気をつけること。薄力粉とベーキングパウダーをふるい入れ、さっくりと混ぜる。さらに干しブドウ、オレンジピール、すりおろしたオレンジとレモンの皮を加える。

用意した型に生地を8分目まで流し入れる。濡らした手の甲で、表面を平らにならす。湯むきしたアーモンドを、ケーキの縁に均等に並べ、そっと押し込みながら飾る。

45〜50分焼く。焼け具合を確かめるときは、ペティナイフをケーキの中心に刺してみて、ナイフに何もついてこなければ、焼き上がり。

型に入れたまま冷ます。サーブするとき、表面にグラニュー糖を散らす。

ライト・アンド・シンプル　フルーツケーキ
light and simple fruit cake

大きめのローフ
ケーキ1個分

無塩バター　150g
室温にもどしておく

デメララ糖
（さとうきびから採る黄褐色の砂糖）
125g

卵（L）　4個
軽くほぐしておく

薄力粉　200g

ベーキングパウダー　小さじ4

シナモンパウダー　小さじ1

ミックス・スパイス
（アップルパイ用スパイス）　小さじ1

クルミ　45g　粗く刻んでおく

チェリーグラッセ
（サクランボの砂糖漬け）　90g
半分に切っておく

砂糖漬けのオレンジピール　75g
さいの目に切っておく

砂糖漬けのレモンピール　75g
さいの目に切っておく

砂糖漬けのアンゼリカ　30g
さいの目に切っておく

干しブドウ　150g

オーブンを170℃に温めておく。容量900gのローフ型（23×12.5×7.5cmサイズ）に油を塗り、パラフィン紙を敷く。

ハンドミキサーを高速にして、バターと砂糖が白っぽくふんわりするまで混ぜる。ミキサーを中速に落とし、卵半量を少しずつ加える。薄力粉、ベーキングパウダー、スパイスをふるいにかけ、半量を生地に加えて混ぜ、さらに残りの卵、残りの粉の順に加える。

クルミ、チェリーグラッセ、オレンジピール、レモンピール、アンゼリカ、干しブドウを生地に加え、やさしくさっくりと、むらなく混ぜ合わせる。用意した型に生地を流し入れる。

1〜1時間15分、ケーキの表面が薄茶色になり、中心に竹串を刺しても何もついてこなくなるまで焼く。焼き上がるまでに表面が焦げそうなら、ホイルでおおう。

オーブンから取り出して型に入れたまま冷まます。

こころのともだち

> 「寒いときは暖めてくれる。熱くなりすぎたときは冷やしてくれる。落ち込んだときは慰めてくれる。疲れたときは癒してくれる。それが紅茶だ」
>
> **ウィリアム・グラッドストーン**
> （英国の政治家、首相）

　それでは、この英国伝統の飲み物をおいしくいれるコツは？　自分のやり方をもっている人は多いのですが、一般的に次の点が認められています。

★やかんには、汲みたての冷水を入れる——蛇口をひねって、水を少し流してから汲む。

★沸騰する直前に湯を少量ポットに注ぎ、ポットを蒸らしに適した温度にする。

★ポットの湯を捨て、茶葉をひとりにつきティースプーン山盛り一杯、プラスもう一杯入れる。

★沸騰したての湯を注ぐ。沸かしすぎた湯は酸素が足りないのでお茶の風味を逃がすし、沸騰してから置いた湯は温度が足りない。

★5分間蒸らす。

　さらに、美しいボーンチャイナのカップにこだわる人もいます——サヴォイ・ホテルでは、アフタヌーンティーを8種類の柄の陶磁器でサーブしていますが、これらはすべてサヴォイのオリジナルデザインによるものです。

　そしてもちろん、蒸らしすぎるとタンニンが出すぎて渋くなります。ナンシー・レーガン元大統領夫人は、1981年にこんな印象的なことを言って

います。「女性はティーバッグのようなもの。煮え湯に浸かってはじめてその力を見せるのです」

けれど、薄すぎてコーヒーと区別がつかないのも困ります。「いいかい、給仕君、これがコーヒーなんだったら、私は紅茶を頼んだんだがね。だがこれが紅茶だというなら、コーヒーにしてもらいたい」──1902年に英国の風刺雑誌『パンチ』に掲載されたひとコマ漫画のこのセリフは、紅茶の味の難しさをよく表わしています。また一方、『ガリバー旅行記』で知られるジョナサン・スウィフトは、薄すぎるお茶のことを「色付きのお湯にすぎない代物」と評しました。

アントン・エイデルマンのことばから

「アフタヌーンティーを楽しみたければ、それなりの環境と雰囲気が必要です。サヴォイ・ホテルなら、まさにぴったり。たくさんのお客さまがいらっしゃいますから、ことさら声をひそめる必要もありません。わたしは人生のひとコマをながめるのが好き。皆さんだって、そのためにいらっしゃるのでしょう？ わたしの祖母もそうでした。彼女が"カフェ・ウント・クッヒェン"、つまりアフタヌーンティーのドイツ版に好んで出かけたのは、ケーキを食べたいからではなく──もちろんそれも目当てでしたが──すてきな帽子を見せびらかしたかったからなのです。そういうものですよ」

パッションフルーツとチョコレートのショートブレッド
passionfruit and chocolate shortcake

16個分

無塩バター　250g
室温にもどしておく

グラニュー糖　150g

卵　1個

卵黄　1½個分

薄力粉　450g
ふるいにかけておく

卵（つや出し用）　1個

フィリングの材料

パッションフルーツの果肉　90g

砂糖　80g

生クリーム　大さじ4

ミルクチョコレート　175g

無塩バター　35g

ショートブレッド生地を作る。バターと砂糖を合わせ、よく混ぜる。卵と卵黄をそっと入れ、薄力粉も加える。生地がなめらかになるまで混ぜ合わせる。おおいをかけ、冷蔵庫で2時間ねかせる。

フィリングを作る。パッションフルーツの果肉、砂糖、生クリームをソースパンに入れ、火にかけて、かき混ぜながら煮立て、砂糖を溶かす。火から下ろして少し冷まし、チョコレートとバターを加え、なめらかになるまで混ぜる。直径5cmの紙型を16個用意し、生地を厚さ1cmずつ流し入れる。冷蔵庫に入れておく。

ショートブレッド生地を厚さ3mmにのばし、直径7cmの円形の型で、32個抜く。はけでつやだし用の卵を塗り、油を塗った天板に並べ、冷蔵庫で20分ねかせる。

オーブンを180℃に温める。

ショートブレッドを7〜10分、うっすらと黄金色になるまで焼く。ケーキクーラーに下ろして冷ます。

フィリングを紙型から外す。ショートブレッドの半分にフィリングを乗せ、残りのショートブレッドをその上に重ねて、軽く押し合わせる。

マカロン
macaroons

36個分

マカロンは、13世紀のヴェネツィアで生まれました。ヴェネツィアの人々は小さなアーモンド菓子を「macerone（マチェローネ）」と名づけました。これは、最高のペーストを意味するイタリア語のmaccheroneを、ヴェネツィア流につづったものです。英語のmacaroonは、フランス語のmacaronから来ました。

世界に名だたるラデュレのマカロンは、20世紀に誕生しました。生みの親は、若きフランス人のパティシエ、ポール・デスフォンテーヌ。スイスの都市ローザンヌの小さな菓子店で働いていたとき、ビスケットベースにガナッシュを詰めた菓子を見た彼は、深い感銘を受けました。フランスに帰り、おじのジャン・ラデュレが開いた小さな菓子店で働きはじめたポールは、その菓子のレシピをアレンジして、ビスケットベースのかわりにマカロンを使い、いろいろなフレーバーのガナッシュをはさみました。新しく生み出した菓子を、おじに敬意を表してマカロン・ラデュレと名づけると、たちまち大成功をおさめたのです。

アーモンドプードル　125g

粉砂糖　125g

卵白　100ml

バニラエッセンス　小さじ1

グラニュー糖　125g

オレンジマーマレード　100g

オーブンを170℃に温めておく。

アーモンドと粉砂糖を合わせてふるいにかけ、ボウルに入れる。卵白半量とバニラエッセンスを加え、なめらかになるまで混ぜる。

耐熱ボウルに残りの卵白とグラニュー糖を入れ、たえず混ぜながら湯せんにかけ、砂糖を完全に溶かす。湯せんから下ろし、ハンドミキサーで固い角が立つまで混ぜる。アーモンド生地を加え、やさしく、むらなく合わせる。

パラフィン紙かオーブンシートを敷いた天板に、生地を直径5cmに絞り出す。手で形を整える（約5分）。

5〜7分焼く。途中で天板を回して、マカロンの焼き色にむらができないようにする。ケーキクーラーに下ろして冷ます。

冷めたら、二つずつとって、オレンジマーマレードをサンドする。

オレンジマカロン
オレンジエッセンス5gをバニラエッセンスのかわりに用いる。

ピスタチオマカロン
ピスタチオペースト20gをバニラエッセンスのかわりに用いる。

ザッハトルテ
sacher torte

直径23cm
1個分

無塩バター　140g
溶かしておく

粉砂糖　100g
ふるいにかけておく

バニラビーンズ　1さや分
切り開いておく

卵　6個
卵黄と卵白に分けておく

ブラックチョコレート
（セミスイートチョコレート）　120g
溶かしておく

薄力粉　120g
ふるいにかけておく

グラニュー糖　100g

オレンジマーマレード　300g
温めて裏ごししておく

飾り用のチョコレート
（あれば）　少々
溶かしておく

チョコレートグレーズの材料

牛乳　大さじ5

ヘビークリーム
（乳脂肪濃度の高いクリーム）
大さじ4

シュガーシロップ（90ページ参照）
大さじ5

水飴（または薄めのコーンシロップ）
小さじ4

上質のブラックチョコレート
（セミスイートチョコレート）　300g
刻んでおく

オーブンを170℃に温めておく。直径23cmの円いケーキ型に油を塗る。

バター、粉砂糖、バニラビーンズを合わせて白っぽくなるまで混ぜ、卵黄をひとつずつ加えてさらに混ぜる。溶かしたチョコレートのあら熱が取れたら、生地と合わせてさっくりと混ぜ、薄力粉も加えてむらなく混ぜる。

別のボウルに卵白を泡立て、軽く角が立ったら、スプーン一杯ずつグラニュー糖を加え、生地がしっかりしてつやが出るまで混ぜる。スプーンに山盛り一杯をとり、チョコレート生地全体になじませてから、チョコレート生地を残りの卵白にもどし、やさしくさっくりとむらなく混ぜ合わせる。

用意した型に生地を流し入れ、表面をならす。約45分、表面がふくらんで、しっかりした手触りになるまで焼く。中心に竹串を刺し、何もついてこなければ焼き上がり。型に入れたまま冷まし、触れるくらいになったらケーキクーラーにひっくり返し、完全に冷ます。

ケーキを横半分に切り、マーマレード半量をサンドしたら、残りのマーマレードをケーキの表面とまわりに塗る。

グレーズを作る。牛乳、ヘビークリーム、シュガーシロップ、水飴をソースパンに入れ、煮立たせる。火から下ろし、チョコレートを加える。チョコレートが溶け、なめらかになるまで混ぜる。少し冷ます。

皿の上にケーキクーラーを置いてケーキをのせ、表面とまわりに手早くチョコレートグレーズをパレットナイフで広げる。涼しい場所に置く。好みで、溶かしたチョコレートをコルネ袋に入れ、"Sacher"と表面に書く。

レモンフイユテ
lemon feuilletés

40個分

卵　2個

グラニュー糖　50g

薄力粉　40g
ふるいにかけておく

トッピングの材料

卵　2個

卵黄　1個分

グラニュー糖　125g

レモンの皮　2個分
細かくすりおろしておく

レモンの絞り汁　120ml
裏ごししておく

無塩バター　100g

粉ゼラチン（無香料のもの）　小さじ2

白ワイン（辛口）　大さじ2

上質のブラックチョコレート
（セミスイートまたはビタースイート）
100g

オーブンを220℃に温めておく。33×23cmのスイスロール型（ゼリーロール型）に軽く油を塗り、パラフィン紙かオーブンシートを敷く。

卵と砂糖をハンドミキサーで、とろりとして白っぽくなるまで泡立てる。泡立て器を持ち上げたとき、生地の表面にくっきり跡が残るくらいにする。薄力粉をさっくりと混ぜ合わせる。用意した型に生地を流し、表面をならす。約10分、表面がふくらんで、しっかりした手触りになるまで焼く。ケーキクーラーにのせて冷まし、冷めたら紙を外す。

トッピングを作る。卵、卵黄、砂糖、レモンの皮、レモンの絞り汁を二重鍋の上段かボウルに入れて泡立てる。湯せんにかけ、かき混ぜながら、35〜40分、生地がもったりするまで加熱する。バター65gを溶かし、生地に加える。

ゼラチンを白ワインに入れ、弱火で溶かす。トッピング生地少量を加えてなじませてから、残りの生地にもどし、よく混ぜる。

スポンジケーキのへりをきれいに整える。スポンジケーキを焼いた型に、軽く油を塗り、ケーキをもどす。その上にスプーンでレモン生地を落とし、表面をならす。約4時間、落ちつくまで冷蔵庫でねかせる。

チョコレートと残りのバターを合わせて溶かし、なめらかになるまでよく混ぜる。レモン生地の上に広げ、落ちつくまで冷やす。

約4×4cmのきれいな正方形に切る。

「サヴォイでのティーが特別なのは、"テムズ・フォイヤー"の雰囲気のおかげでしょう。ホテルの中心にありますし、ロンドンで一、二を争うピアニストもいるのですから」

アップルタルト
apple tarts

6個分

ブラムリー種、
または他の料理用リンゴ　8個

無塩バター　35g
溶かしておく

グラニュー糖　45g

バニラビーンズ　½さや分
切り開いておく

スイートペストリー（90ページ参照）
300g

アプリコットジャム　大さじ3

リンゴのコンポートを作る。リンゴ4個の皮をむいて芯を取り除き、乱切りにする。ソースパンに移し、バター、砂糖、バニラのさやを加える。弱火にかけ、やわらかくなるまで煮る。火から下ろして冷まし、バニラのさやを取り出す。

スイートペストリーを厚さ3mmにのばし、直径7.5cmのタルト型6個に敷き込む。冷蔵庫で20分ねかせる。

オーブンを180℃に温めておく。

敷き込んだ生地の上にパラフィン紙かオーブンシートを敷き、重石をのせる。そのまま15分焼く。紙と重石を取り除いて、さらに4分、黄金色になるまで焼く。

焼き上がったタルトにリンゴのコンポートを詰める。残りのリンゴも皮をむいて芯を取り除き、厚さ2cmにスライスしてコンポートの上に並べ、フィリングがタルトの縁より2〜3cm高くなるようにする。

オーブンの熱を220℃に上げ、タルトを15〜20分焼く。ケーキクーラーにのせて冷ます。

アプリコットジャムを弱火で溶かし、はけでリンゴのスライスに塗って、つやを出す。

ベイクトチョコレートチーズケーキ
baked chocolate cheesecake

直径20cm
1個分

スイートペストリー（90ページ参照）
250g

クワルクチーズ
（またはクリームチーズ）　200g

ココアパウダー（無糖）　大さじ3

グラニュー糖　60g

卵　1個

ヘビークリーム
（乳脂肪濃度の高いクリーム）　150ml

上質のブラックチョコレート
（セミスイートチョコレート）　75g
溶かしておく

オレンジの皮　½個分
すりおろしておく

軽く粉を打った台の上でペストリーをのばし、直径20cmの深めのフラン型に敷き込む。その上にパラフィン紙かオーブンシートを敷き、重石を乗せて、冷蔵庫で20分ねかせる。

オーブンを200℃に温めておく。

10分焼き、紙と重石を取り除いてさらに10分焼いてから、冷ます。オーブンの熱を180℃に下げる。

チーズ、ココアパウダー、砂糖、卵を泡立て器で混ぜ、なめらかになったらクリームを加える。溶かしてあら熱の取れたチョコレートとオレンジの皮を混ぜあわせて、焼き上がったタルトに流し入れる。約20分、固まるまで焼き、冷ましておく。

ベークウェル・タルト
bakewell tart

直径20cm 1個分	スイートペストリー（90ページ参照） 250g
	ラズベリージャム　大さじ2
	フランジパーヌ（88ページ参照） 400g
	スライスアーモンド　60g
	粉砂糖　100g
	キルシュリキュール　小さじ2
	レモンの絞り汁　小さじ1/2
	アプリコットジャム　大さじ3

ペストリーを厚さ5mmにのばし、天板に置いた直径20cmのフラン型に敷き込む。冷蔵庫で20分ねかせる。

オーブンを170℃に温めておく。

敷き込んだ生地の底にラズベリージャムを薄く広げ、フランジパーヌを8分目まで流し入れる。上にスライスアーモンドを散らす。

35〜40分焼く。オーブンから出して、冷ます。

小型のソースパンに粉砂糖、キルシュリキュール、レモンの絞り汁を入れ、かき混ぜながら、なめらかになるまで軽く火を通す。均一に薄く、タルトにゆっくり回しかけ、固まるまで休ませる。

アプリコットジャムを火にかけて溶かし、表面にはけで塗る。

エキゾチックフルーツのタルトレット
exotic fruit tartlets

4個分

パフペースト（89ページ参照）　100g

フランジパーヌ（88ページ参照）　半量

パッションフルーツの果汁　大さじ1
裏ごししておく

ペストリークリーム
（86ページ参照。ホイップクリームでも可）
大さじ4

キウイフルーツ　1/2個
皮をむいて輪切りにしておく

マンゴー　1/4個
種を取って薄切りにしておく

パイナップル（小）　1/4個
皮をむいて芯を取り、薄切りにしておく

ポーポー（またはパパイヤ）　1/4個
皮をむき、種を取って薄切りにしておく

アプリコットジャム（グレーズ用）
大さじ4
火にかけて裏ごししておく

フレッシュミントの葉　適宜

軽く粉を打った台でパフペーストを薄くのばし、直径7.5cmのタルトレット型4個に敷き込む。涼しい場所で15分ねかせる。

オーブンを200℃に温めておく。

フランジパーヌを4等分にし、敷き込んだ生地に入れ、10〜15分、黄金色になるまで焼く。置いて冷ます。

パッションフルーツの果汁をペストリークリーム（またはホイップクリーム）に入れて混ぜ、スプーンでタルトレットにかける。上にフルーツを飾り、アプリコットジャムをはけで塗る。最後にミントの葉を飾る。

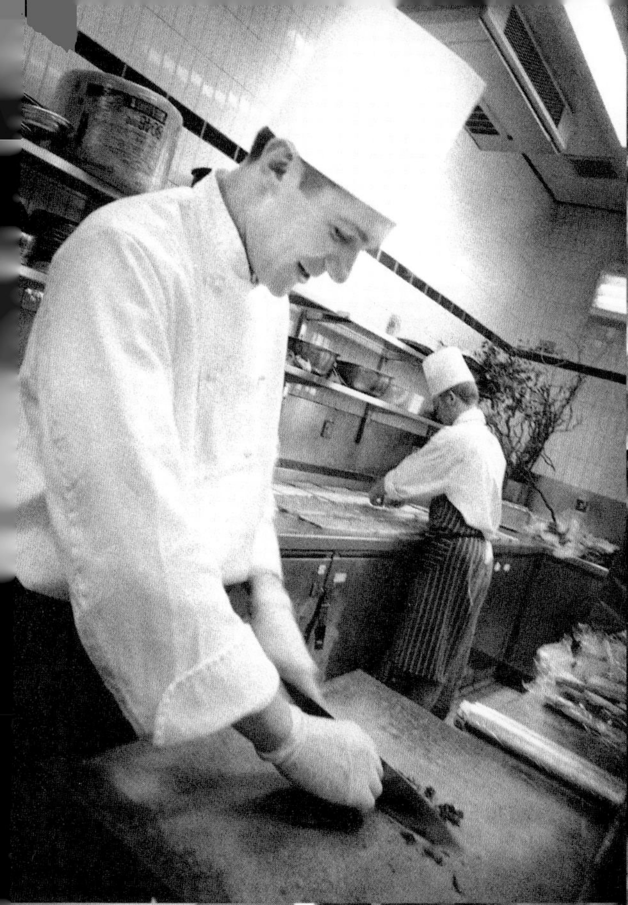
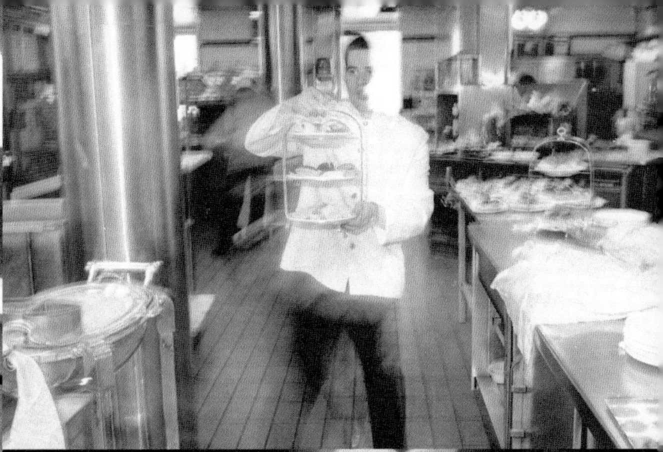
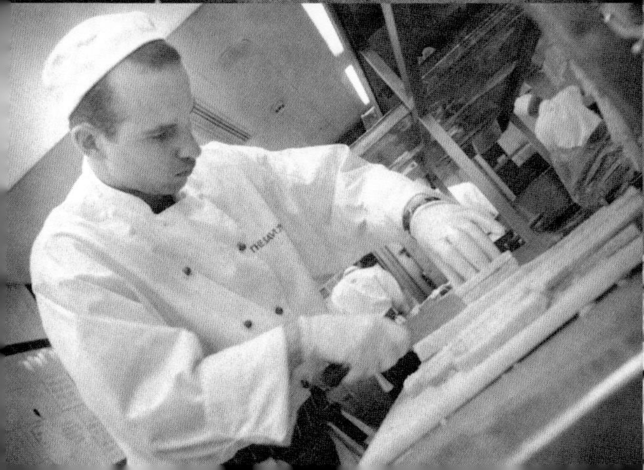
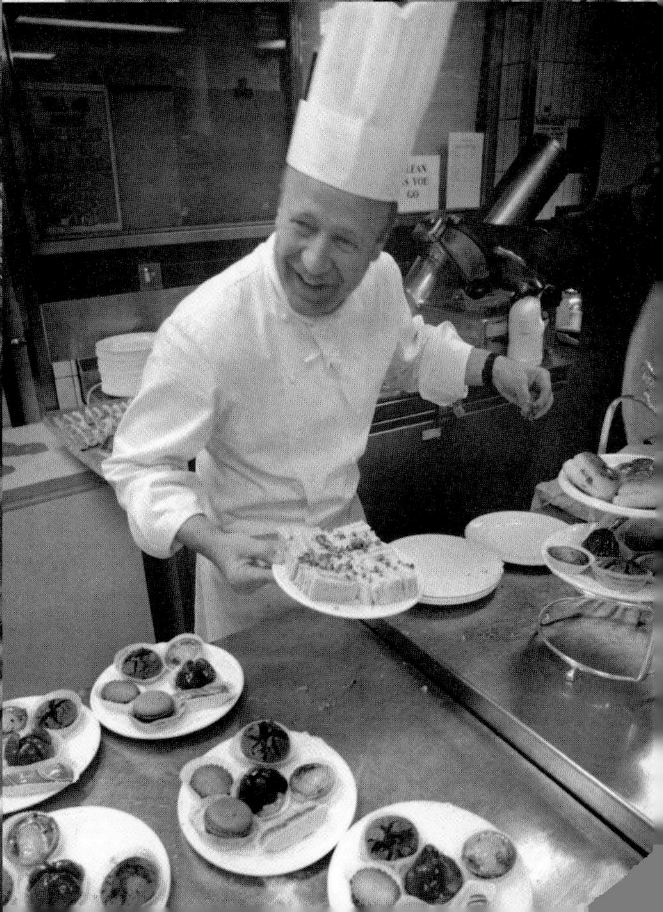

チェリータルト　シュトロイゼル添え
cherry tart with streusel

6個分

牛乳　125ml

生イースト　15g

植物油　大さじ3

強力粉　250g

グラニュー糖　小さじ2

塩　小さじ1

フランジパーヌ（88ページ参照）250g

熟したサクランボ　900g
種を取っておく

シュトロイゼルの材料

薄力粉　120g

グラニュー糖　大さじ3

オールスパイス（粉末）　小さじ1

無塩バター　90g

牛乳を人肌に温め、大きめのボウルに入れる。イーストを加え、スプーンでつぶし、クリーム状に練る。植物油を加えて混ぜる。温かい場所で10分ねかせる。

強力粉、砂糖、塩を合わせてボウルにふるい入れ、なめらかになるまで混ぜる。軽く粉を打った台に下ろし、8〜10分、しっとりして弾力が出てくるまでこねる。油を塗ったボウルに移し、油を塗ったラップでおおい、温かい場所で発酵させ、40分、かさが2倍になるまで置く。

23×33cmのスイスロール型（ゼリーロール型）にバターを塗る。生地を軽くこね、粉を打った台の上で長方形にのばして、バターを塗った型全体に敷き込む。フランジパーヌを底に広げる。20分冷蔵庫でねかせる。

オーブンを180℃に温めておく。

シュトロイゼルを作る。ボウルに薄力粉、砂糖、オールスパイスを入れる。バターを細かい角切りにし、乾いた手でこすり合わせるように粉と混ぜ、豆粒大のそぼろ状にする。

サクランボをフランジパーヌの上に飾り、シュトロイゼルをむらなく表面に散らす。約55分、タルトベースとトッピングのシュトロイゼルが黄金色になるまで焼く。温かいうちに、正方形に切って、サーブする。

米国の作家、アリス・ウォーカーが『カラー・パープル』で述べたように、「英国人にとってティーは、まさに屋内ピクニック」なのです。

ミニシューバンズ
mini choux buns

10個分

シュー皮用生地（88ページ参照）　全量

インスタントコーヒー　20g
少量の湯で溶いておく

ペストリークリーム（86ページ参照）
全量

フォンダン　200g

シュガーシロップ（90ページ参照）
大さじ1

オーブンを200℃に温めておく。天板にパラフィン紙かオーブンシートを敷く。

直径1cmの丸い口金をつけた絞り出し袋にシュー皮用生地を入れ、紙を敷いた天板に、直径2.5cmを10個、直径5cmを10個、絞り出す。12分焼いてから、オーブンの熱を180℃に下げ、さらに10分焼く。オーブンから取り出して冷ます。

インスタントコーヒー半量をペストリークリームに混ぜる。シュー皮の底に串などで小さな穴を開け、ペストリークリームを絞り入れる。クリームはたっぷり入れること。

フォンダン、シュガーシロップ、残りのインスタントコーヒーをソースパンに入れて弱火にかけ、37℃（人肌）まで温める。37℃を超えると、フォンダンのつやがなくなるので注意。

シューの上側をフォンダンにつけ、小さいシューを大きいシューにのせる。

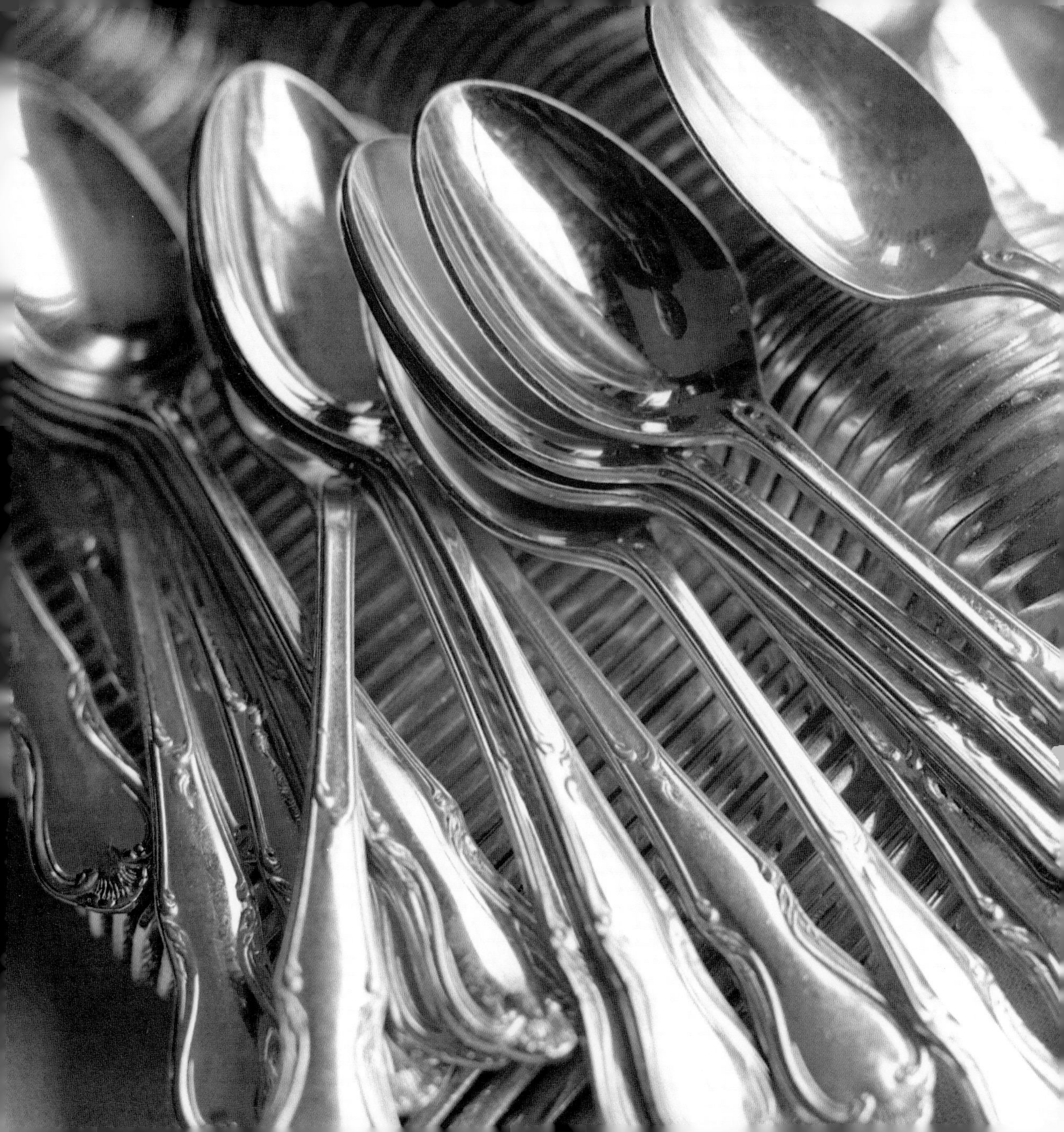

茶葉、あれこれ

　トマス・ド・クインシー（英国の随筆家・批評家）言うところの「知識人に愛される飲みもの」、紅茶には、さまざまな種類の葉と香りがあります。ダージリン、アッサム、アールグレイ……紅茶マニアでなければ、どれを選べばよいのか戸惑うことでしょう。サヴォイでは、ホテルオリジナルのサヴォイブレンドが、アールグレイと並んでいちばん人気があります。そのほかに、上質の紅茶を名高い紅茶商のニューピー・ティーズから仕入れ、サーブしています。

　アッサム（インド産）……甘くほのかな木の実の香りからは想像できないほどの、強い味。アッサムの強さとコクは、感覚を目覚めさせるので、朝食にうってつけ。

　ダージリン（ヒマラヤ産）……ブロークン・オレンジペコーのダージリンの水色は、薄い褐色で、花のようにフルーティーな香り。その繊細な香りは、ほのかにマスカットを思わせる。

　アールグレイ（中国産とダージリン）……中国茶とダージリンの珍しいブレンドティーで、非常に香りが良い。英国には1830年代に伝わった。

　ラプサンスーチョン（中国産）……大きな茶葉の、鼻を刺す煙っぽい香り、またはヤニのような香り。しおれたスーチョンの茶葉を、松の木で薫製にして作る。

　このほかに、有名なティールーム、パリのマリアージュ・フレール製のブレンドティーも用意しています。

マルコ・ポーロ……中国産とチベット産茶葉のブレンドティー。フルーツと花の香り。
　　カサブランカ……モロッコ産緑茶のブレンドティー。ミントとベルガモットの香り。
　　ハーブティー……ミント、カモミール、リンデン（ライムフラワー）
　ついでながら、サヴォイブレンドはピュア・アッサムとブロークン・オレンジペコーのブレンドティーです。これは一から配合し、サヴォイの役員らによって選ばれました。長い年月を経てアッサムの質は変わったかもしれませんが、サヴォイブレンドの配合は、当代のサプライヤーによって守られています。

アントン・エイデルマンのことばから
　「アフタヌーンティーというのは、まさに洗練された行為です。あなたがアフタヌーンティーに出かけるなら、それがすでに、洗練されるということではないでしょうか。わたしは午後になるといつも、『2時間ほどのちょっとした外出で、ピアノの演奏に耳を傾けながら座り、サンドウィッチとおいしいペストリーをつまむなんて、なんてすばらしいことなんだろう』と思います。いつだって、アフタヌーンティーは素敵なひとときなんです」

洋梨のカスタードタルト
pear custard tarts

6個分

ヘビークリーム
（乳脂肪濃度の高いクリーム）　150ml

バニラビーンズ　2さや
切り開いておく

卵　2個

卵黄　1個分

グラニュー糖　360g

洋梨　2個
皮をむいておく

洋梨リキュール　大さじ4

スイートペストリー（90ページ参照）
300g

アプリコットジャム　大さじ3

カスタードを作る。ヘビークリームとバニラのさや1本を平鍋に入れて火にかけ、沸騰したら火を止める。ボウルに卵、卵黄、砂糖60gを入れ、ふんわりするまで泡立てる。よく混ぜながら、温めたヘビークリームを加える。裏ごしし、置いて冷ます。

残りの砂糖とバニラビーンズを別の平鍋に入れ、水500mlを加える。火にかけて煮立て、かき混ぜて砂糖を溶かす。洋梨を加える。パラフィン紙で落とし蓋をする。弱火にかけ、約25分、洋梨が煮くずれない程度に火を通す——ペティナイフを刺して煮え具合を確かめる。洋梨リキュールを加えたら、シロップにつけたまま冷ます。

スイートペストリーを厚さ3mmにのばし、直径7.5cmのタルト型6個に敷き込む。冷蔵庫で20分ねかせる。

オーブンを180℃に温めておく。

敷き込んだ生地の上にパラフィン紙かオーブンシートを敷き、重石をのせる。そのまま10分焼く。紙と重石を取り除き、さらに4分焼いてから、取り出して冷ます。オーブンの設定は150℃に下げておく。

洋梨の水気を切り（シロップはフルーツサラダなどに利用）、縦半分に切る。軸と芯を取り、厚さ3mmにスライスして、焼き上がったタルトに並べる。カスタードをタルトの縁まで流し入れ、20分焼く。冷めたら、型から外す。

アプリコットジャムを火にかけて溶かし、はけでタルトに塗り、つやを出す。

「家庭を愛するイギリス人の気質をもっともよく表わしているのが、麗しのアフタヌーンティーなのだ」

『ヘンリ・ライクロフトの私記』
ジョージ・ギッシング
（英国の小説家）

ラズベリーミルフィーユ
raspberry mille-feuilles

4個分

パフペースト（89ページ参照）　250g

粉砂糖　100g

ヘビークリーム
（乳脂肪濃度の高いクリーム）　200ml
泡立てておく

ラズベリー　24個

軽く粉を打った台の上で、パフペーストをごく薄く（厚さ3mm以下に）のばす。9×20cmの長方形3枚に切り分ける。薄く油を塗った天板に並べ、フォークで全体に穴を開ける。涼しい場所で20分ねかせる。

オーブンを200℃に温めておく。

オーブンに天板を入れ、約5分、カリッと黄金色になるまで焼く。取り出して冷ましておく。

グリルを予熱しておく。

焼き上がったパイに粉砂糖半量を振りかけ、グリルでキャラメリゼする。

パイ1枚にヘビークリームを広げ、ラズベリー12個を並べる。その上に2枚目のパイを重ね、同じように残りのクリームとラズベリーを広げる。3枚目は、キャラメリゼした側を下にして、重ねる。そっと押し合わせ、へりをきれいに整える。

冷蔵庫で20分冷やし、十字に4等分に切る。残りの粉砂糖を振りかける。

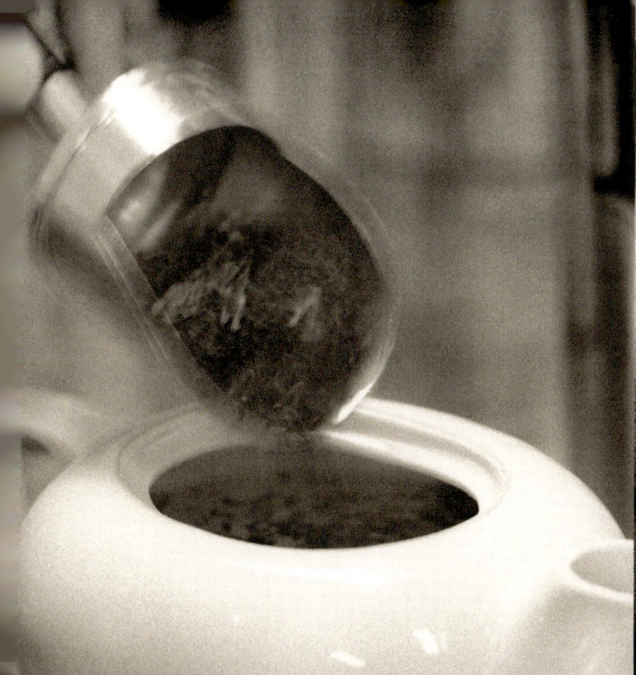
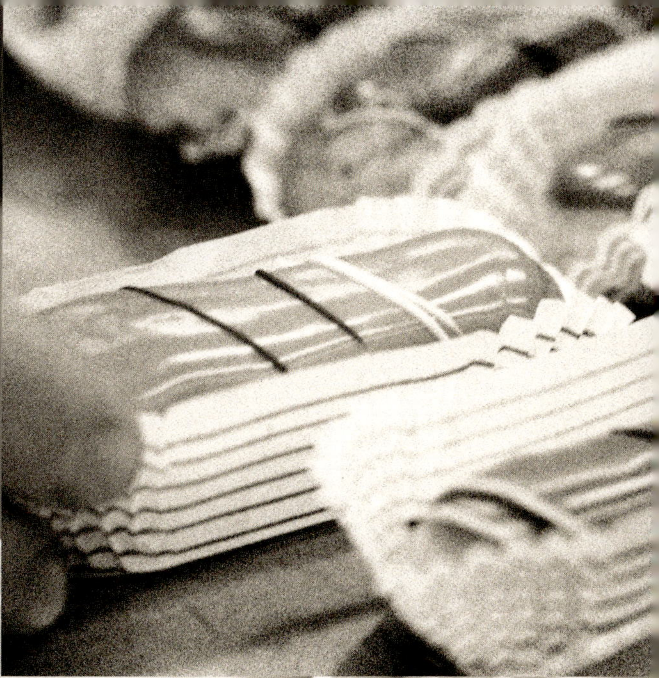
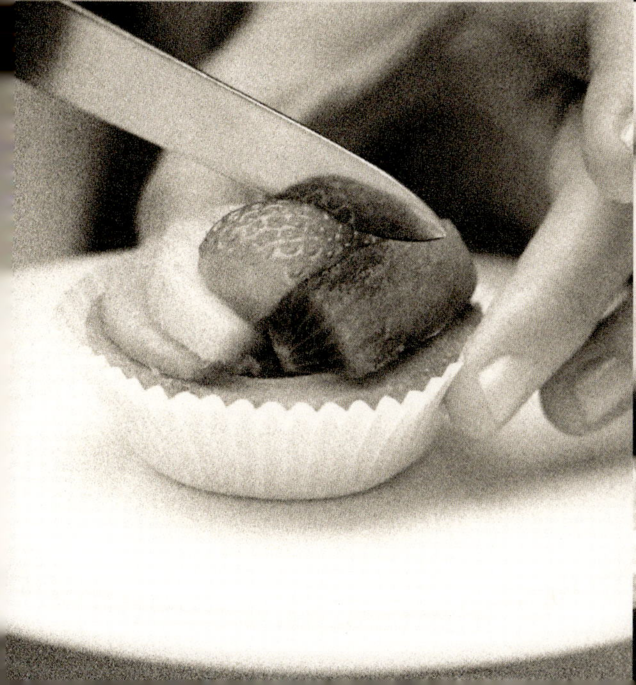
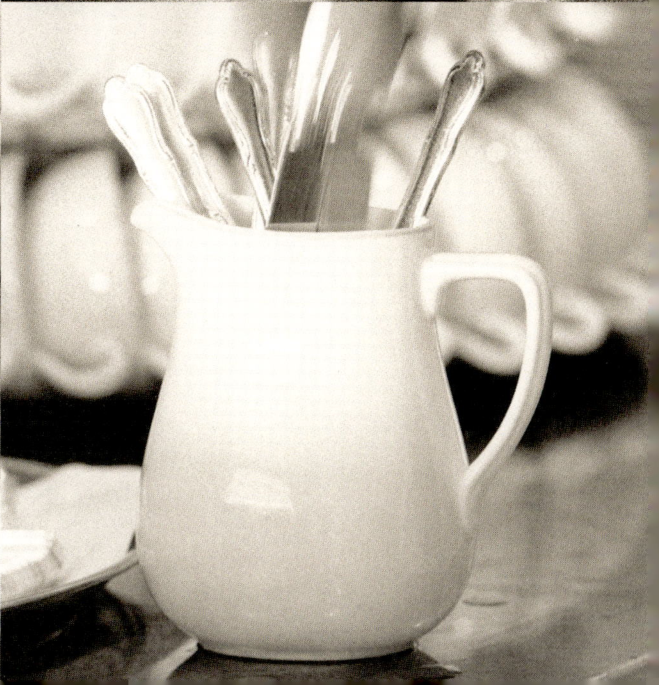

ロイヤルビスケット
royal biscuits

8個分	パフペースト（89ページ参照）　400g
	卵白　1個分
	粉砂糖　500g

軽く粉を打った台の上で、パフペーストを縦5×横30cm、厚さ3mmの長方形にのばす。天板に移し、フォークで全体に穴を開け、冷蔵庫で20分ねかせる。

卵白と粉砂糖を合わせて、なめらかになるまで木べらで混ぜ、アイシングを作る。ねかせておいた生地に薄く広げ、冷凍庫で25分冷やす。

オーブンを220℃に温めておく。

ナイフを水にくぐらせながら、生地を縦8つに切り分け、パラフィン紙かオーブンシートを敷いた天板に並べる。約15分焼く。アイシングが端から巻き上がり、生地が黄金色になったらできあがり。

サヴォイでお茶を

サヴォイ風シューペストリー　スワン
savoy choux pastry swans

10個分

シュー皮用生地（88ページ参照）
150g

グラニュー糖　25g

ヘビークリーム
（乳脂肪濃度の高いクリーム）　750ml

粉砂糖（飾り用）

オーブンを200℃に温めておく。

直径1cmの丸い口金をつけた絞り出し袋にシュー皮用生地を入れ、直径2.5cmで10個、バターを塗った天板に絞り出す。15分焼いてから、冷ます。

スワンの首を作る。口金を直径3mmの丸形に変えて、バターを塗った別の天板に、S字を10個絞り出す。オーブンの熱を180℃に下げて、10分、カリッと黄金色になるまで焼く。取り出して冷ます。

シューを横半分に切り、上側はさらに縦半分に切る。

砂糖をクリームに加え、もったりするまで泡立て器で混ぜる。星形の口金をつけた絞り出し袋に移し、下側のシューにクリームを詰める。上側のシューをクリームにさし、羽に見えるようにする。S字のシューもクリームにさし、スワンの首にする。粉砂糖を振りかける。

ストロベリータルトレット
strawberry tartlets

6個分　　フィロペストリー（30×35cm）　3枚

無塩バター　20g
溶かしておく

フランジパーヌ（88ページ参照）　半量

フランボワーズリキュール（あれば）
小さじ2

ペストリークリーム
（86ページ参照。またはホイップクリーム）
大さじ4

イチゴ（中）　14個
へたを取っておく

イチゴジャム　大さじ4

ピスタチオ（飾り用）　少々
皮をむき、刻んでおく

オーブンを200℃に温めておく。

フィロペストリー1枚に、溶かしバター少量をはけで塗る。もう1枚を重ね、溶かしバターを塗ったら、同様に最後の1枚も重ねて、残りのバターを塗る。直径9〜10cmの円形を6個抜き取り、直径7.5cmのタルト型6個に敷き込む。フランジパーヌを6等分して詰める。約10分、黄金色になるまで焼く。取り出して冷ます。

フランボワーズリキュールを使う場合は、ペストリークリーム（またはホイップクリーム）に混ぜておく。クリームをスプーンでタルトの中心に流す。縁まで満たすと、イチゴをのせたときにあふれてしまうので、注意すること。イチゴを中心にひとつずつのせる。残りのイチゴを半分に切り、まわりに飾る。

イチゴジャムを火にかけ、溶かす。果肉粒が残っているようなら、裏ごしする。はけでイチゴにジャムを塗ってつやを出し、上にピスタチオを散らす。

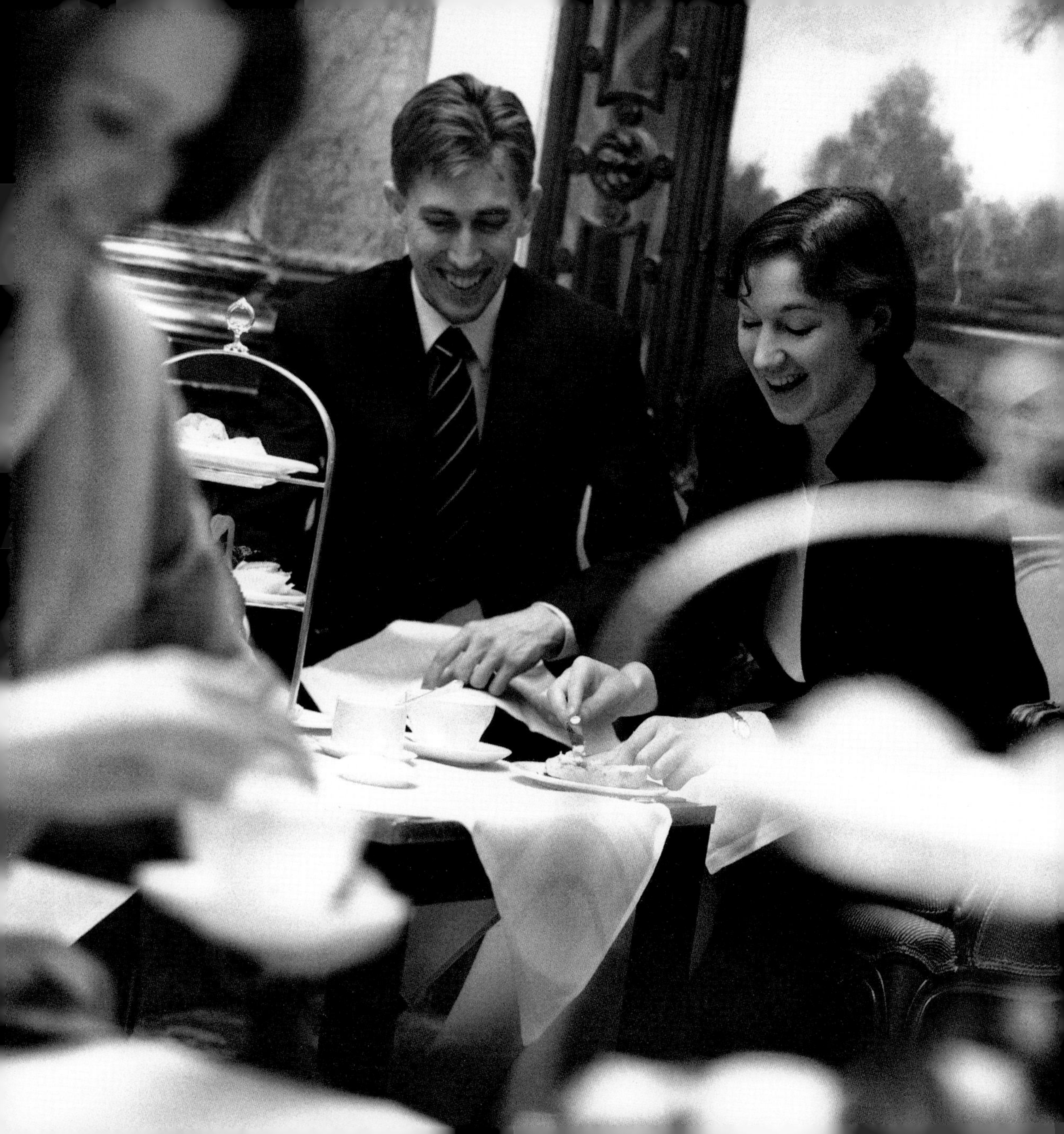

トラディショナル・フレンチオレンジタルト
traditional french orange tart

直径20cm
1個分

スイートペストリー（90ページ参照）　170g

卵黄　4個分

コーンスターチ　15g

オレンジジュース　160ml

オレンジの皮　1個分

砂糖　120g

無塩バター　50g

粉砂糖（飾り用）　少々

軽く粉を打った台の上でペストリーをのばし、直径20cmのフラン型に敷き込む。その上にパラフィン紙かオーブンシートを敷き、重石をのせる。冷蔵庫で20分冷やす。

オーブンを200℃に温めておく。

10分間焼き、紙と重石を取り除く。卵黄少量をはけで塗り、さらに10分、黄金色になるまで焼く。型に入れたまま冷ます。

コーンスターチとオレンジジュース少量を混ぜる。残りのジュース、オレンジの皮、砂糖100gを平鍋に入れ、煮立てる。コーンスターチを加え、かき混ぜながら、もう一度煮立たせる。

残りの卵黄と残りの砂糖を、なめらかに泡立てる。先ほどの平鍋に加え、泡立て器でなめらかに混ぜ合わせ、もう一度沸騰させる。火から下ろし、バターを加えて混ぜる。焼き上がったタルトに流し入れる。

オーブンの熱を150℃に下げ、40分焼く。

粉砂糖をしっかり振りかけ、バーナー、または高温のグリルでキャラメリゼする。縁を焦がさないように気をつけること。

クルミのパイ
walnut pie

直径20cm	スイートペストリー（90ページ参照）
1個分	250g

クルミ　300g

卵　3個

きめの細かいブラウンシュガー　150g

無塩バター　75g
溶かしておく

ゴールデンシロップ
（濃いめのコーンシロップ）　100g

オーブンを170℃に温めておく。

軽く粉を打った台の上でペストリーをのばし、直径20cmの深めのフラン型に敷き込む。少し休ませる。

クルミ300gのうち250gをフードプロセッサーに入れ、卵、砂糖、溶かしバター、シロップを加える。クルミが粗みじんになるまで回したら、敷き込んだ生地に入れる。残りのクルミを上に飾る。

約1時間、フィリングが固まり、ペストリーが黄金色になるまで焼く。温かいままでも冷めても、おいしくいただける。

ブリュレカプチーノ
brûlee cappuccino

8個分
- ヘビークリーム
  (乳脂肪濃度の高いクリーム)　350ml
- 牛乳　70ml
- 卵黄　3個分
- 砂糖　80g
- インスタントコーヒー　小さじ2
  水少量で溶いておく
- ミルクチョコレート　60g
- ダークブラウンシュガー　100g

オーブンを150℃に温めておく。

カスタードを作る。ソースパンにクリームと牛乳を入れ、沸かす。卵黄と砂糖をさっと合わせてクリームに加え、たえず混ぜながらコーヒーを入れる。チョコレートを加え、溶けるまで混ぜる。目の細かい裏ごし器にかける。

カスタードを、幅7cm、深さ2cmの小さな器（またはラムカン皿）8個に流し入れる。二重釜か蒸し器に並べ、30分焼く。

二重釜（または蒸し器）から出し、10分ほど冷ます。

グリルを予熱しておく。

カスタードの上に、ブラウンシュガーをむらなく散らす。高温のグリルに入れて砂糖を溶かし、キャラメリゼする。冷めて固まってから、サーブする。

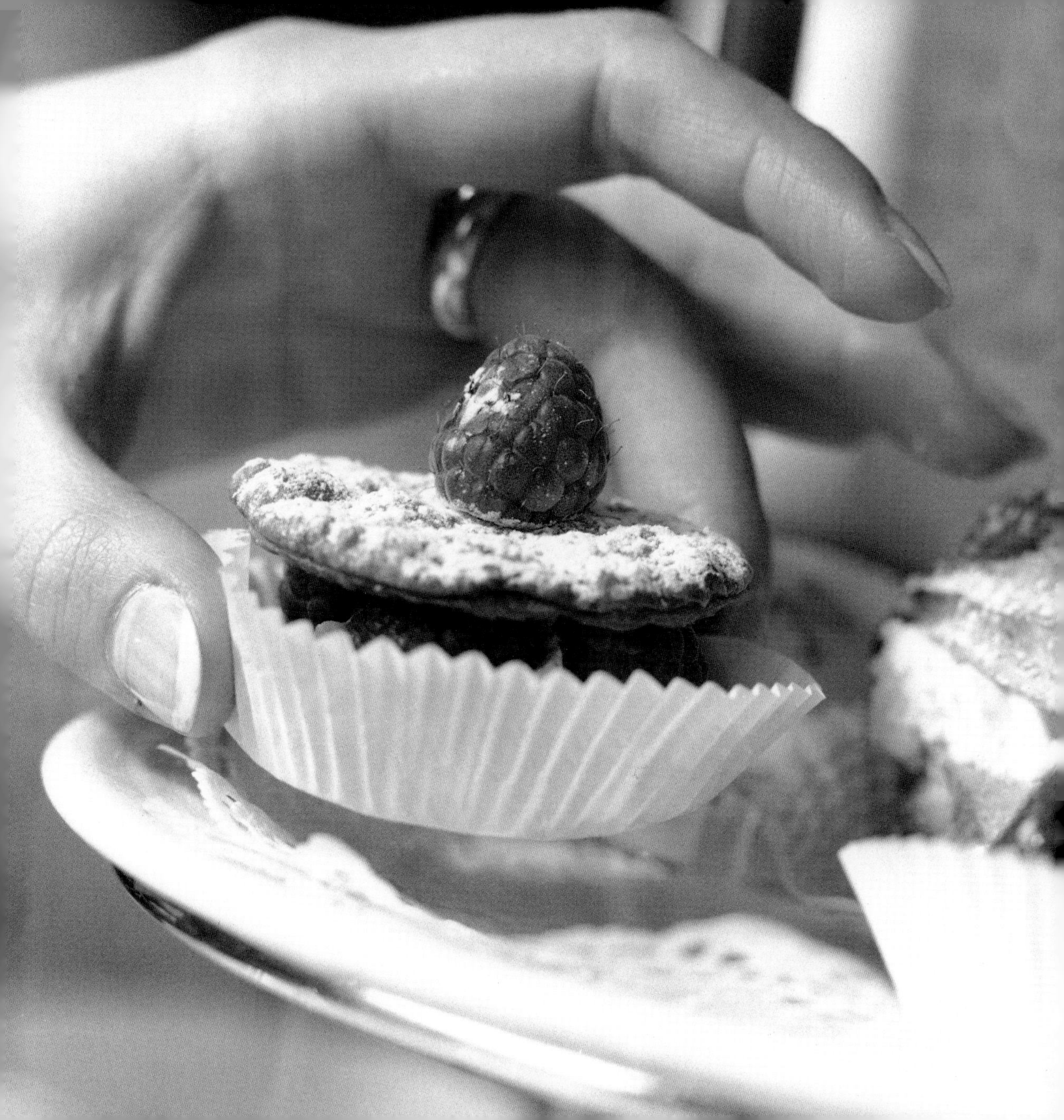

パイナップルとジンジャーのケーキ
pineapple and ginger cakes

8個分

パイナップル（大）　1個

グラニュー糖　100g

無塩バター　120g

カントンジンジャー
（上質の砂糖漬けショウガ）
みじん切り　大さじ2

薄力粉　120g

重曹　小さじ1/2

ベーキングパウダー　小さじ1/2

塩　ひとつまみ

きめの細かいブラウンシュガー　150g

卵　2個

バニラエッセンス　小さじ1

生クリーム　100ml

オーブンを190℃に温めておく。直径10cmの深めのラムカン皿8個に、バターを塗る。底にオーブンシートを敷いてもよい。

パイナップルの皮をむき、厚さ1.5cmの輪切りを8つ、それぞれ芯を取り除いておく。まわりをそぎ、ラムカン皿の底にぴったりはまる大きさにする。そぎ落としたものは、細かく刻んでおく——150〜200gとれるはず。

厚底鍋にグラニュー糖を入れ、バター1/3を加える。火にかけて溶かし、あめ色に焦げめがついたら火を止める。これをラムカン皿に注ぎ、ジンジャーを散らして、パイナップルの輪切りを1枚ずつ置く。

薄力粉、重曹、ベーキングパウダー、塩を合わせてふるいにかけておく。ブラウンシュガーと残りのバターを混ぜ、クリーム状になったら、混ぜながら卵をひとつずつ入れ、バニラエッセンスも加える。ふるいに

かけた粉を加えてさっくりと混ぜ合わせ、まとまったら、生クリームと刻んだパイナップルを加える。

生地をラムカン皿に流し入れ、表面をならす。約25分、表面がしっかりするまで焼く。

皿が冷めたらそっと外し、パイナップルを上にして盛る。温かいうちにサーブする。

コーヒーだって……

　もちろん、ケーキとサンドウィッチにコーヒーを合わせてもかまいません。アントン・エイデルマンは、サヴォイがコーヒー豆をどのように調達していたかを思い返して、こう言っています。「わたしが着任したころ、ホテルの豆はコヴェントガーデンで焙煎していました。依頼していた相手は、78歳でかなり目が弱っているような、ポーランド人です。麻袋には4種類の豆が入っていて、彼はエンドウマメの缶詰めに使うようなブリキ缶に、前の週のコーヒーを入れて持っていました。麻袋の豆をひとつかみ取ると、じっと目をこらし、缶の色と同じになるようにミックスしていくのです。そんなふうにして、王室御用達の許可をコーヒーにいただいたのです」

ホットチョコレートプディング
hot chocolate pudding

4個分　　ブラックチョコレート
　　　　（セミスイートチョコレート）　150g

　　　　無塩バター　15g

　　　　卵　3個
　　　　卵黄と卵白に分けておく

　　　　グラニュー糖　大さじ3

　　　　粉砂糖（飾り用）

厚底鍋にチョコレートとバターを入れ、ごく弱火で溶かす。ボウルに移し、卵黄を加えてよく混ぜる。

別の大きめのボウルに卵白と砂糖を入れ、角が立つまで泡立てる。少量をスプーンに取り、先ほどのチョコレート生地に混ぜてなじませてから、金属製のスプーンでメレンゲにもどす。おおいをかけ、冷蔵庫で1時間半から2時間ねかせる。

オーブンを220℃に温めておく。直径8.5cmのラムカン皿4個に、たっぷりバターを塗る。

ねかせておいた生地をスプーンでラムカン皿に流し入れる（皿の縁から5mm下まで）。15分、表面がふくらむまで焼く。オーブンから出し、温かい場所で15分ねかせる。

尖ったナイフをプディングのまわりにすべらせて型から外し、手に落とす。落とした側を上にして、温めた皿に盛る。軽く粉砂糖を振りかけてサーブする。

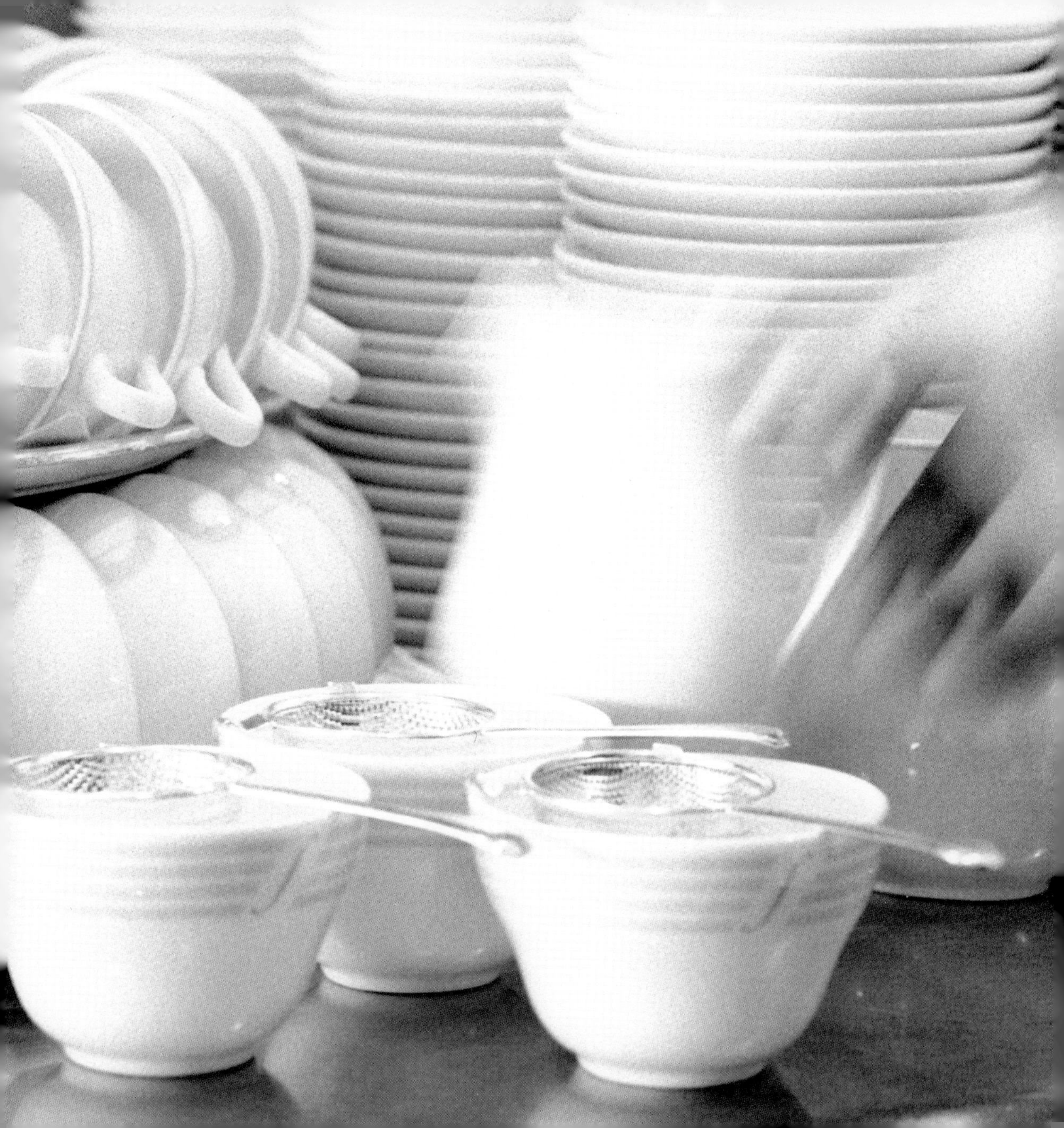

ファンタジスタ

　紅茶とケーキには、人の記憶をよびさます力があります。たとえば、フランスの作家マルセル・プルーストは小説『失われた時を求めて』のなかで、こんなふうに書いています。「そのとき一気に、思い出があらわれた。この味、それは昔コンブレーで日曜の朝……レオニ叔母の部屋に行っておはようございますを言うと、叔母が紅茶かリンデンのお茶に浸してさし出してくれたマドレーヌのかけらの味だ」
　また、英国の詩人ルーパート・ブルックは、第一次世界大戦で戦場に出たときも紅茶の思い出にふけり、こんな一節を残しました。

教会の時計は3時10分前をさしただろうか？
紅茶に入れるハチミツはまだ残っているだろうか？

　アフタヌーンティーを暗喩に用い、英国と、なじみ深くいとおしい伝統を表現していると言えるでしょう。
　英国でティーを軽食として取り入れたのは、第7代ベドフォード公爵夫人の、アンナ。1800年代初頭、早めの昼食と遅めの夕食のあいだを、つなごうとしたのでした。サヴォイの総料理長、アントン・エイデルマンは、ティーでお腹をいっぱいにさせてはいけないと言います。
　「たとえばわたしたちがお出しするのは、小さなクレームブリュレ――ピスタチオ風味とか、そんなものです。ティースプーンで二口か三口、それでおしまいですよ。
　わたしがサヴォイに来て17年になりますが、その間に、

> 「神さま、紅茶をありがとうございます！　紅茶がなかったら、この世はどうなっていたことか。そんな世の中が存在できるのでしょうか？　紅茶より先に生まれなかったことを感謝します」
>
> **シドニー・スミス師**
> （英国の聖職者・エッセイスト）

アフタヌーンティーのボリュームはより軽くし、見かけも繊細に変えてきました。ケーキやスコーンやペストリーは、どれもホテル内のパティスリーで作っています。ペストリーは以前より薄くなりましたし、タルトには、これまでにない果物を使いはじめました。夏の果物とか、冬には南国の果物を、秋にはリンゴや洋梨を、といった具合です。夏は軽めのフルーツケーキを用意していますが、冬は重たいものに移行して、マデイラケーキやダンディーケーキもお出しします。2年前にビュッフェをやったときは、7つか8つ、ローガンベリーやブルーベリーなど夏の果物を使ったタルトを作りました。お客さまは座って待つだけでなく、立って好きなものを取りに行けたのです」

ひねりを加えて

　アフタヌーンティーを邪魔するやからに災いあれ——なにしろわたしたちは、サンドウィッチにケーキにスコーン、それにポットに入った紅茶という饗宴に夢中なのですから。そしてサヴォイは、工夫をこらすことによって、常にほかより一歩リードしてきました。たとえばサンドウィッチにしても、ブラウンブレッドとホワイトブレッド（みみを落としたもの）に加え、パン職人はアントン・エイデルマン独自のレシピに従って、セージとトマトの食パンを毎日焼いています。スコーンにもひと工夫あります。リンゴとシナモンだけでなく、レーズンやクルミのスコーンも、お客さまを喜ばせてきました。

アプリコットとペカンナッツのハニーバンズ
apricot and pecan sticky buns

10個分

牛乳　100ml
人肌に温めておく

生イースト　10g

砂糖　125g

強力粉　170g
ふるいにかけておく

バター　55g

塩　ひとつまみ

卵　2個

ドライアプリコット　70g
刻んでおく

ペカンナッツ　6個
刻んでおく

水　100ml

牛乳、イースト、砂糖25g、強力粉1/3を混ぜる。おおいをかけ、温かい場所に置いて、発酵させる。

残りの強力粉とバターを手でこすり合わせ、そぼろ状にする。中心にくぼみを作り、そこに卵、アプリコット、ペカンナッツ、発酵させた生地を落とす。こねて、均一にまとめる。おおいをかけて温かい場所に置き、かさが2倍になるまで発酵させる。

生地をたたいて空気を抜き、おおいをかけ直して、もう一度かさが2倍になるまで置く。

生地を25gずつに切り分け、ロールパン形に（または細長く）成型する。油を塗った天板に並べ、温かい場所に25分、2倍にふくらむまで置く。

オーブンを230℃に温めておく。

10分焼く。

残りの砂糖を水と合わせて火にかけ、かき混ぜながら溶かし、一度沸かす。これをオーブンから出したバンズにはけで塗る。

ドーナッツ
doughnuts

6個分

牛乳　200ml

生イースト　12g

グラニュー糖　50g

強力粉　360g

塩　ひとつまみ

バター　70g

卵　1個

揚げ油

ジャム　50g

グラニュー糖（飾り用）

牛乳を人肌に温める。イーストと砂糖を加え、かき混ぜて溶かし、強力粉120gに回しかける。温かい場所で1時間ねかせる。

残りの強力粉と塩を、ボウルにふるい入れる。手でバターとすり合わせてそぼろ状にし、中央部分にくぼみを作り、そこにねかせた生地と卵を入れる。よくこねて、なめらかでしっかりした生地にする。濡れぶきんをかけ、温かい場所で20分、かさが三割り増しふくらむまで発酵させる。

生地をボウルから取り出し、たたいて空気を抜く。ボウルにもどしておおいをかけ直し、また温かい場所に置いて、先ほどと同じくらいかさが増すまでねかせる。

生地を50gずつに切り分け、丸める。粉を打った天板に並べる。温かい場所に置いて、2倍にふくらむまでねかせる。

揚げ油を175℃に熱する。ドーナッツ生地を少量パレットナイフに取って油に落としてみる。すぐ浮き上がるようなら適温。ドーナッツを揚げ、数分したら裏返す。揚げ時間は全体で8〜10分。揚がったら、乾いたスプーンで取り出し、キッチンペーパーに置いて油を切る。

ドーナッツに穴を開け、ジャムを絞り入れたら、砂糖をまぶす。

マフィン
muffins

12個分

植物油（マイルドタイプ）　大さじ8
水　大さじ8
ハチミツ　小さじ2
卵　2個
水飴　小さじ2
薄力粉　150g
コーンスターチ　大さじ1
グラニュー糖　120g
ベーキングパウダー　小さじ2
塩　ひとつまみ

オーブンを200℃に温めておく。

油、水、ハチミツ、卵、水飴をボウルに入れ、ハンドミキサーで混ぜる。ほかの材料もすべて加え、高速で8分間混ぜる。好みのフレーバーを静かに混ぜあわせる（下参照）。

マフィン型に紙のマフィン型を2枚重ねて敷き、スプーンで生地を半分より少し多めに入れる。オーブンに入れ、18分焼く。

焼き上がったら、内側の紙型だけ一緒に取り出す。

フレーバーの材料
ブルーベリー　40g
または
ニンジン　すりおろし　20g
クルミ　粗みじん　20g
または
チョコレートチップ　30g
ココアパウダー（無糖）　大さじ2

最高の飲み物

　紅茶は、長らく上流階級の飲みものとされてきましたが、そのおもな理由は、ぜいたく品だったことでした。その昔、紅茶は、盗まれないように鍵のかかる紅茶入れにしまい込まれていたのです。毒舌家で知られる英国の文筆家G・K・チェスタートンは、この点を簡潔に表現しています。

　　紅茶は東洋生まれだが
　　少なくとも紳士
　　ココアは粗野なふ抜けで
　　生まれも怪しい。

　さらにチャールズ・オリヴァーは、バッキンガム宮殿の晩餐会で、こう記しています。「英国のティータイムという儀式は、故メアリー王妃によって完成されたと言える。サンドウィッチとケーキとビスケットが目もあやに並んだ銀の皿。それをのせて、すべるように進むワゴン……すべてが抜かりなく、午後4時までに準備されていなくてはならない。ティーポット、ミルクジャー、ホットウォータージャグ、それにシュガーポットは、いつも同じアンティークの銀器で、ヴィクトリア女王お気に入りの一式だったもの。準備が整うと、メアリー王妃は戸棚に鍵をかけてしまってあった翡翠の紅茶入れを取り出し、お気に入りのインド産茶葉を慎重に量り取る。それから熱湯を注ぎ、炉の火を消して儀式を終えると初めてくつろいだあと、従僕に茶を注がせ、サンドウィッチとケーキを配らせる。だが王妃は、その作業を従僕に始めさせる前に、茶葉に湯を注いでからきっかり3分間待ち、茶葉を完全に開かせるのだった」

スコーン
scones

8個分

薄力粉　220g

ベーキングパウダー　15g

バター　75g

グラニュー糖　60g

牛乳　150ml

卵黄（グレーズ用）　1個分

オーブンを200℃に温めておく。

薄力粉とベーキングパウダーをボウルにふるい入れる。バターと砂糖を手でこすり合わせ、きれいなそぼろ状にしてボウルに加える。中央部分にくぼみを作り、そこに牛乳と、好みのフレーバー（右参照）を入れる。練りすぎないように、やさしくこねる。

軽く粉を打った台の上で、生地を厚さ1.5cmにのばす。直径6cmの円形の型で、8個抜く。

油を塗った天板に並べ、表面にはけで卵黄を塗る。15分ねかせる。

12〜15分、表面がふくらんで、薄い黄金色になるまで焼く。

温かいうちにサーブする。クロテッドクリームとイチゴジャムを添える。

フレーバーの材料
刻んだペカンナッツ　80g
または
干しブドウ　60g
または
刻んだチェリーグラッセ
（サクランボの砂糖漬け）　50g
または
皮をむいてさいの目に切ったリンゴ　80g

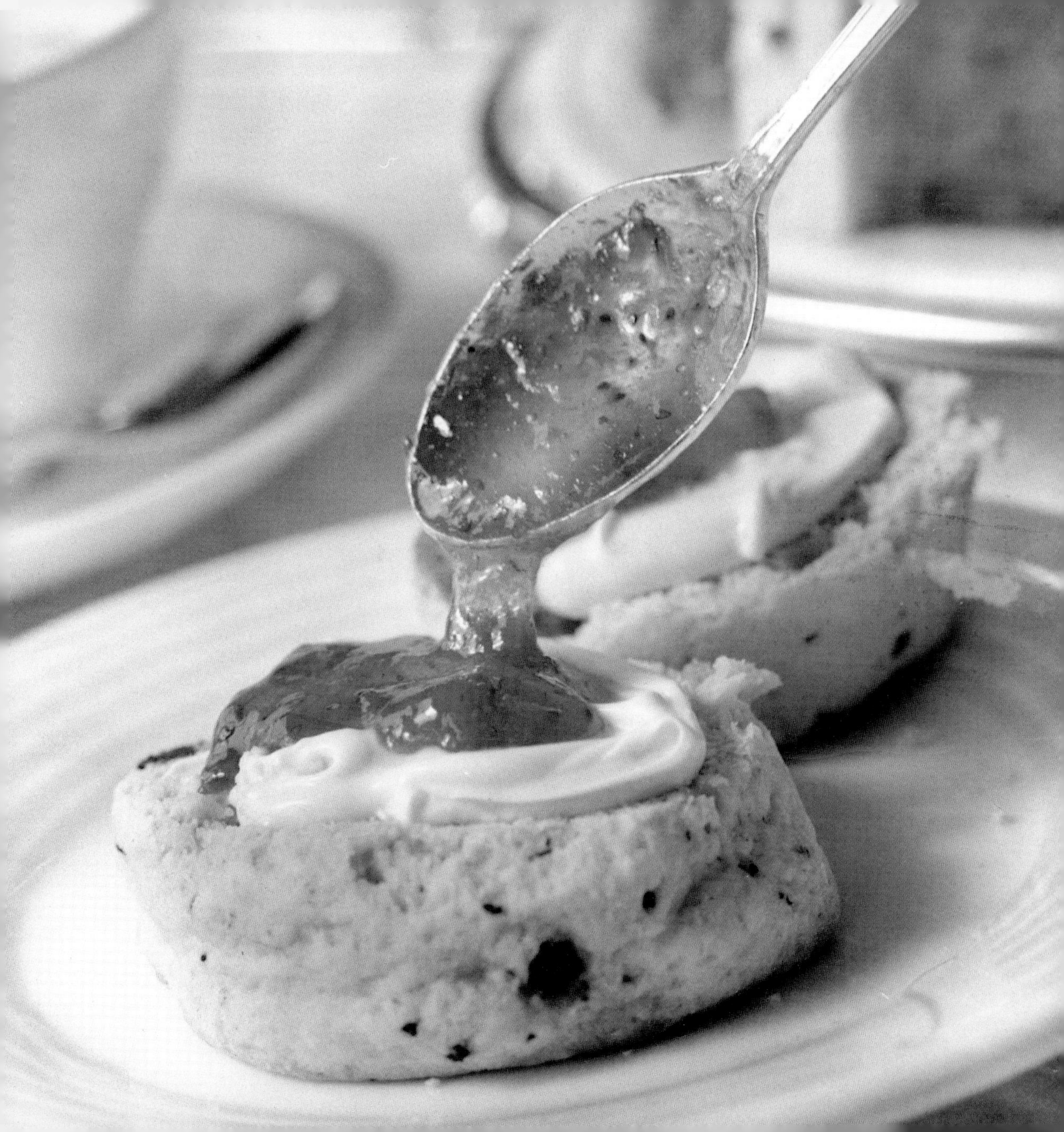

カッテージチーズとパイナップルのサンドウィッチ
cottage cheese and pineapple sandwiches

フィンガー
サンドウィッチ
6個分

カッテージチーズ　150g

パイナップル
（小さな角切りにしたもの）　100g

ブラウンブレッド　4枚
バターを塗っておく

コショウ（挽きたてのもの）

カッテージチーズとパイナップルを混ぜ、コショウで味つけする。パンにはさみ、サンドウィッチを2つ作る。みみを落とし、それぞれ縦長に3つに切り分ける。

クリームチーズとマーマイトのサンドウィッチ
cream cheese and marmite sandwiches

小さな正方形の
サンドウィッチ
8個分

サンドウィッチ用食パン　4枚

マーマイト　小さじ2〜3

クリームチーズ
（「フィラデルフィア」など）　80g

パンをトーストして、2枚に薄くマーマイト（スープやシチューに風味を添えたりパンに塗ったりするイースト）を塗る。残りの2枚にクリームチーズを広げ、マーマイトを塗ったものを重ねて、サンドウィッチにする。みみを落とし、それぞれ正方形4つに切り分ける。

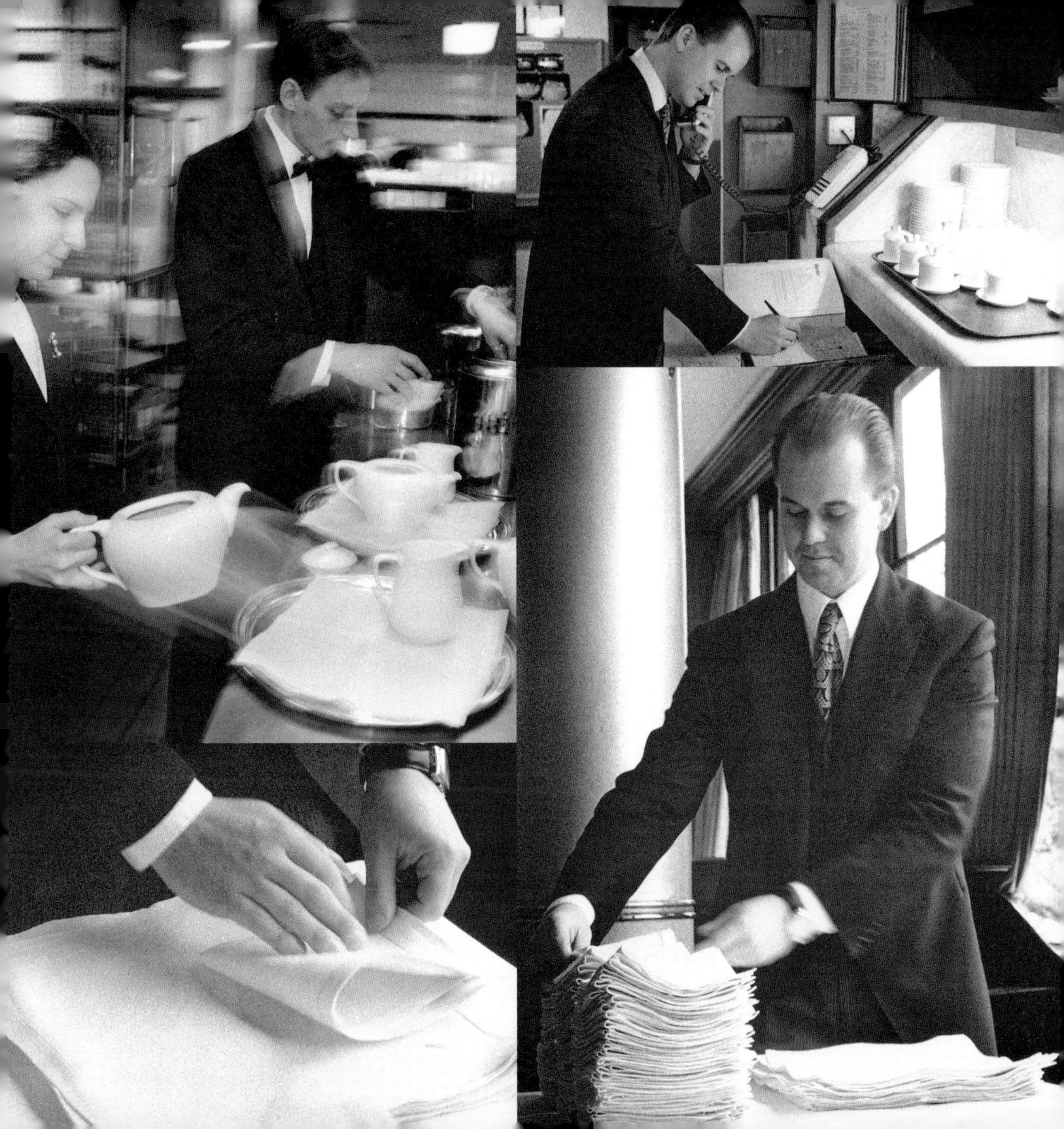

チーズパフ　ワカモレ添え
cheese puffs with guacamole

12個分

パフペースト（89ページ参照）　200g

パルメザンチーズ
（おろしたてのもの）　30g

パプリカ（粉末）　小さじ1/2

卵　1個
軽く溶いておく

ゴマ　少々

ポピーシード　少々

タバスコ　小さじ1

カイエンペッパー
（またはホットチリパウダー）
ひとつまみ

クミンパウダー　ひとつまみ

セロリソルト
（すりつぶしたセロリの種子と食塩を混ぜて作った調味料）　ひとつまみ

白コショウ　ひとつまみ

ワカモレの材料

アボカド（熟れたもの）　1個

ニンニク　1/4片
つぶしておく

タマネギ（大）　1/2個
皮をむき、みじん切りにしておく

スプリングオニオン　1/2個
みじん切りにしておく

トマト　1個
種を除いて水気を切り、みじん切りにしておく

レモンの絞り汁　1/2個分

パフペーストを厚さ1cmにのばす。むらなくパルメザンチーズを散らし、さらに厚さ3mmにのばす。直径6cmの円形の型で、12個抜く。軽くパプリカを散らす。表面にはけで溶き卵を塗り、冷蔵庫で20分ねかせる。

オーブンを200℃に温めておく。

もう一度溶き卵を塗り、6個にゴマを、残りの6個にポピーシードを散らす。約15分焼く。取り出して冷まし、横半分に切る。

ワカモレを作る。アボカドを縦半分に切っ

て種を除き、スプーンで果肉をボウルにかき出して、粗くつぶす。ニンニク、タマネギ、スプリングオニオン、トマト、レモンの絞り汁、タバスコ、スパイス類を加え、よく混ぜ合わせる。味をみて、必要なら整える。

パフにワカモレを詰め、ゴマ（またはポピーシード）のついたほうを上に重ねてはさむ。

より抜きのごちそう

　三段重ねの銀のケーキスタンドには、より抜きのごちそうがのっています。どのサンドウィッチから始めましょう？　エピとマヨネーズ、タマゴとキュウリとミント、トマトとクリームチーズとバジル、ハムとマスタードとマヨネーズ、そしてスモークサーモン。どれも軽くて中身はたっぷり。サヴォイオリジナルのトマトとセージのパンを使っているものもあります。次は焼きたてのスコーン。いくつかのフレーバーを、ホテルで焼いています。ひとりひとりに出されるジャム——上質のイチゴジャム（ほかにありえますか？）と、こってりした黄色のクロテッドクリームをつけて召し上がれ。最後を飾るのは、宝石のようなペストリー。こちらもホテルで作っています。小さなチョコレート菓子やスポンジケーキやクリーム菓子が、芸術品然として、波打つ紙のケースに収まっているのです。フォークを刺せば、ケースがかさかさと心地よい音を立てるのが聞こえるでしょう。

アボカドクリームサンドウィッチ　プラムトマト＆レッドオニオン入り
creamed avocado sandwiches with plum tomato and red onion

<table>
<tr><td>フィンガー
サンドウィッチ
6個分</td><td>アボカド　1個
皮をむき、種を除いておく

生クリーム　大さじ4

プラムトマト　2個
皮をむいて種を除き、小さな角切りにしておく

レッドオニオン（小）　1個
皮をむき、みじん切りにしておく

塩、コショウ（挽きたてのもの）

ブラウンブレッド　4枚
バターを塗っておく</td><td>アボカドと生クリームを混ぜる。角切りにしたトマトとレッドオニオンも加えて混ぜ、好みに味つけする。パンにはさみ、サンドウィッチを2つ作る。みみを落とし、それぞれ縦長に3等分する。</td></tr>
</table>

キュウリのサンドウィッチ　タマゴ＆ミント入り
cucumber sandwiches with egg and mint

<table>
<tr><td>フィンガー
サンドウィッチ
6個分</td><td>固ゆで卵　2個
殻をむき、すりつぶしておく

生クリーム　大さじ2

フレッシュミントの小枝　1/2本
葉をちぎって、みじん切りにしておく

塩、コショウ（挽きたてのもの）

サンドウィッチ用食パン　4枚
バターを塗っておく

キュウリ　1/2本
皮をむき、薄切りにしておく</td><td>卵、生クリーム、ミントを混ぜ、塩とコショウで味つけする。厚さ5mmで、パン2枚に広げる。キュウリを重ね、残りのパンではさむ。

みみを落とし、それぞれ縦に3等分する。</td></tr>
</table>

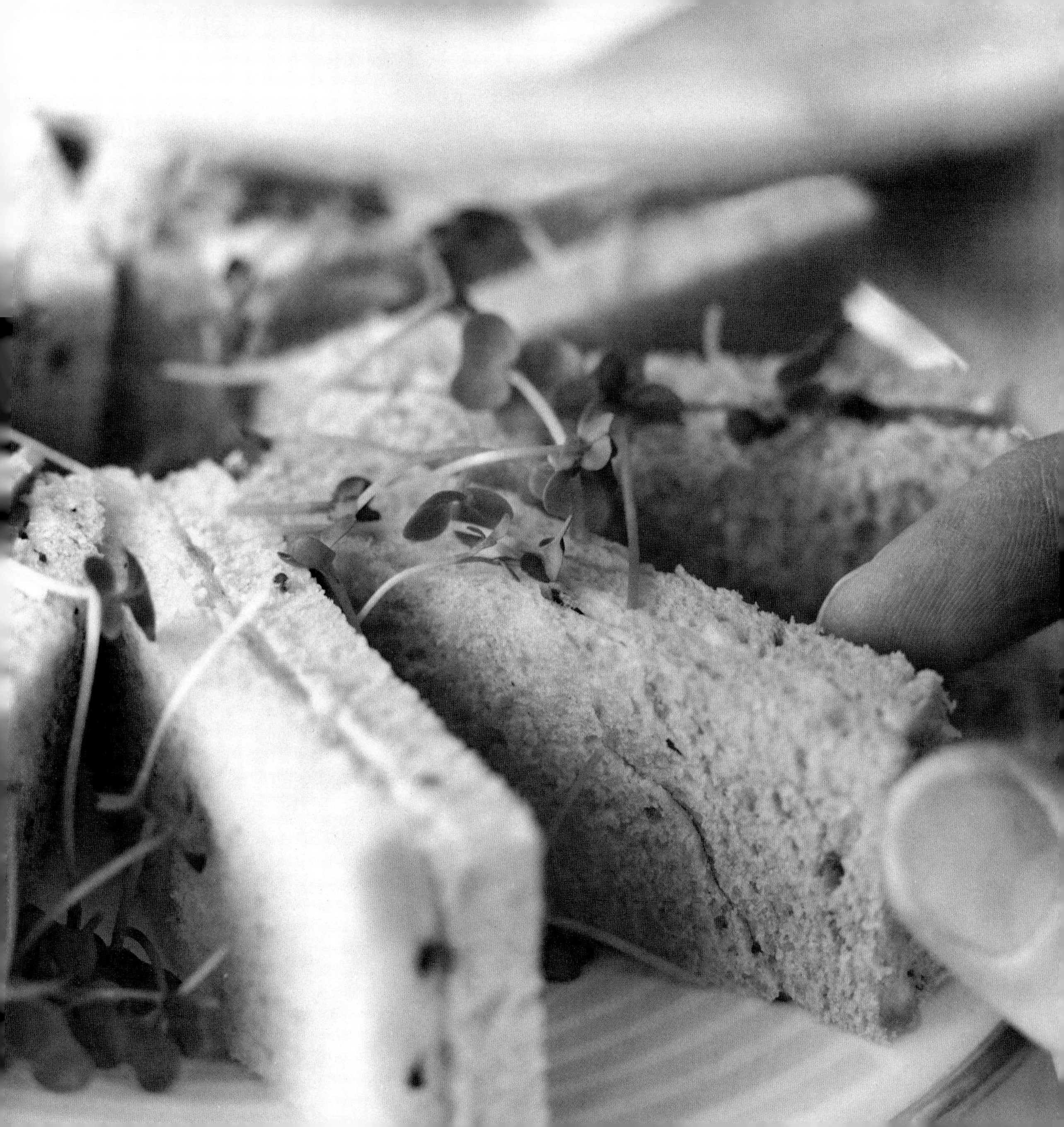

ハーブスコーン　ホワイトクラブミート＆キャビア添え
herb scones with white crab meat and keta caviar

6個分

強力粉　250g

ベーキングパウダー　15g

無塩バター　75g

フレッシュハーブ数種
（バジル、ローズマリー、マジョラム、オレガノなど）
みじん切り　小さじ4

牛乳　120ml

卵　1個
軽く溶いておく

フィリングの材料

生クリーム　100ml

ホワイトクラブの身　150g

キュウリ　60g
種を除き、角切りにしておく

塩、コショウ（挽きたてのもの）

レタス、ディル（飾り用）

キャビア　大さじ1

オーブンを200℃に温めておく。

強力粉とベーキングパウダーをボウルにふるい入れ、手でバターとこすり合わせてそぼろ状にする。ハーブを混ぜこむ。牛乳を加え、やわらかく練り上げる。

軽く粉を打った台の上で、生地を厚さ2cmにのばす。直径6cmの円形の型で抜く。油を塗った天板に移し、表面にはけで溶き卵を塗る。約15分、ふくらんで黄金色になるまで焼く。取り出して冷ます。

生クリーム、カニの身、キュウリを混ぜ、塩とコショウで味つけする。小さくちぎったレタスをスコーンのまわりに添える。上にカニの身をたっぷりのせ、キャビアを少量盛る。てっぺんにディルを飾る。

ハチミツとハムのビスケット
honey and ham biscuits

16個分

タマネギのみじん切り　20g

オリーブオイル　小さじ1/2

ニンニク　2片
皮をむき、つぶしておく

無塩バター　45g
室温にもどしておく

マスタード　小さじ1

卵黄　1個分

アカシアハチミツ　小さじ4

ハム　50g
みじん切りにしておく

チェダーチーズ　45g
おろしておく

薄力粉　90g

フライパンにオリーブオイルを引き、しんなりと透き通るまでタマネギを炒める。ニンニクを加え、さらに数分炒めたら、置いて冷ます。

バターを泡立て器で混ぜ、クリーム状になったら、マスタードと卵黄を加える。炒めたタマネギとニンニク、ハチミツ、ハム、チーズ、薄力粉を加え、むらなくつないで生地にする。ラップで包み、冷蔵庫で20分ねかせる。

オーブンを190℃に温めておく。

軽く粉を打った台の上で、生地を厚さ5〜6mmにのばす。直径6cmの円形の型で抜く。油を塗った天板に並べ、約20分、黄金色になるまで焼く。ケーキクーラーにのせて冷ます。

エビとスプリングオニオンのドライトマトブレッド・サンドウィッチ
prawn and spring onion sandwiches with sun-dried tomato bread

フィンガー
サンドウィッチ
6個分

小エビ　100g
殻をむき、ゆでておく

スプリングオニオン　2個
みじん切りにしておく

マヨネーズベースのカクテルソース
大さじ2

塩、コショウ（挽きたてのもの）

ドライトマトブレッド　4枚
バターを塗っておく

エビ、スプリングオニオン、カクテルソースを混ぜ、塩とコショウで味つけする。パンにはさんでサンドウィッチを2つ作る。みみを落とし、それぞれ縦に3等分する。

ローストビーフサンドウィッチ　ワサビクリーム和え
roast beef sandwiches with horseradish cream

フィンガー
サンドウィッチ
6個分

生クリーム　大さじ2

ホースラディッシュ（西洋ワサビ）
（おろしたてのもの）　小さじ1

ブラウンブレッド　4枚
バターを塗っておく

ローストビーフ　4枚

塩、コショウ（挽きたてのもの）

生クリームとホースラディッシュを混ぜ、むらなくパンに広げる。パン2枚にローストビーフを並べ、塩とコショウで味つけする。残りの2枚のパンを重ね、みみを落とし、それぞれ縦に3等分する。

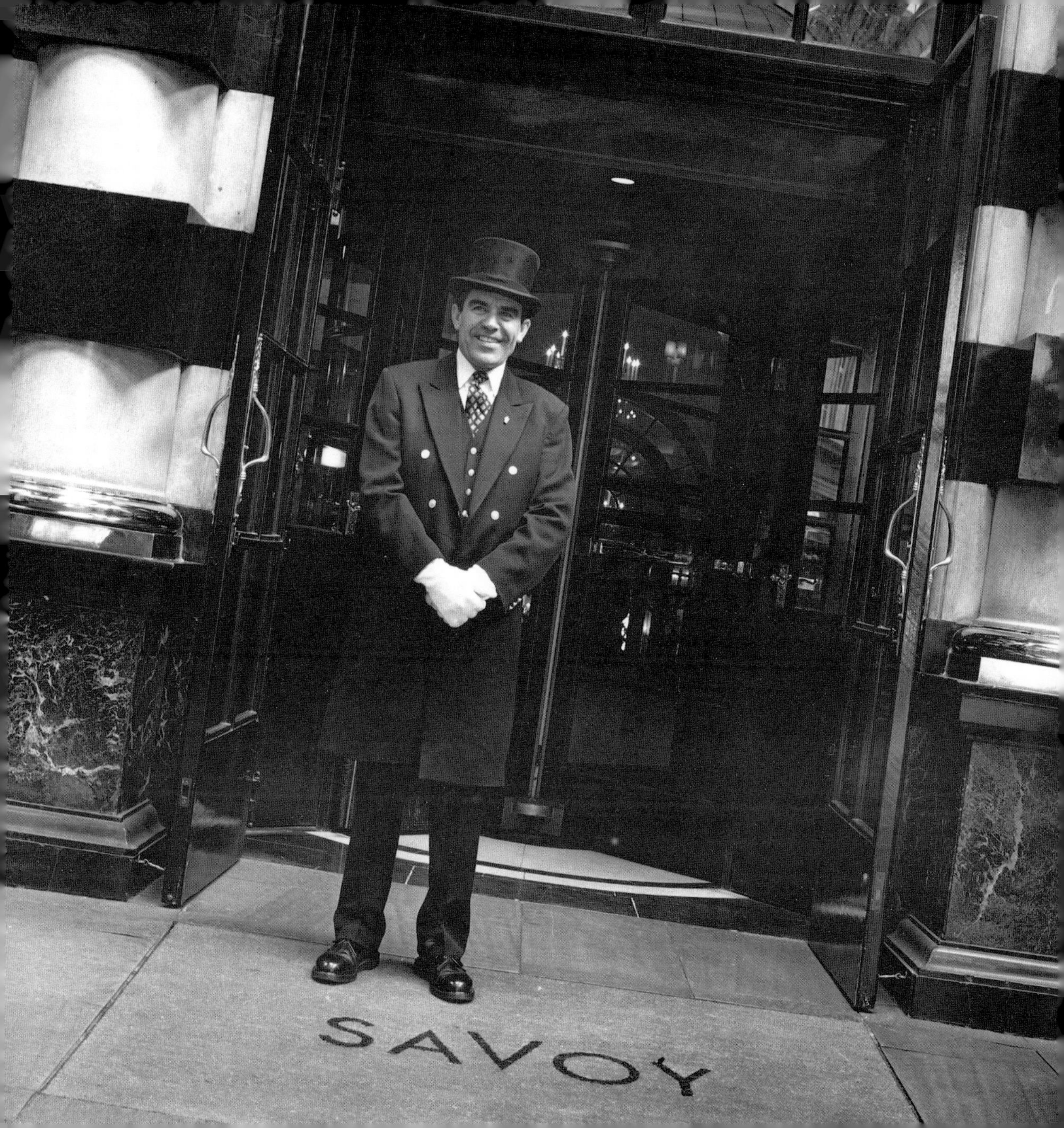
SAVOY

紅茶、大好き

　中国は何世紀も前から世界の茶葉の大半を生産してきましたし、実に発祥の地でもあります。中国の伝説によれば、紀元前2737年、炎帝神農が木陰で休んでいるそばで召使いが白湯(さゆ)を沸かしているとき、野生の茶の木から葉が1枚、その中に落ちました。皇帝は本草学者だったので、これを飲んでみたのだそうです。茶が広まると、中国と日本で栽培されるようになりましたが、ヨーロッパへ伝わったのは、17世紀になり、海路が極東に達してからのことでした。

　しかし今日、英国で飲まれている紅茶はほとんどがケニア産で、インドとスリランカ（セイロン島）を合わせたより多くをケニアから輸入しています。中国は半発酵のウーロンを産しており、ウーロンは紅茶と緑茶の中間と言えるのですが、中国茶（ラプサンスーチョン、ウンナン、キームン、ガンパウダー）の市場は、はるかに狭く限られています。

　おもしろいことに、近年コーヒー店が増えているにもかかわらず、紅茶は依然として英国が選んだ飲みものです。毎日、3700万人の英国人が紅茶を飲んでいます。朝食にはコクのある強いものを、午後には軽くてより香り高いものを……サヴォイブレンドが、芳しいオレンジペコーを味の強いアッサムに混ぜている理由のひとつです。

　紅茶は健康に良いとも言われています。ビタミンやミネラル、抗酸化物質を含み、研究によると、ガンや脳卒中、心臓病の予防に効果があるそうです。アフタヌーンティーを楽しむのに、これ以上の理由はあるでしょうか。

紅茶とタンゴ

　サヴォイでは先ごろ、"ティーダンス"を復活させました。1900年代初めにティーダンスが人気を博した当時、レディは「アフタヌーン・ドレス（膝丈のドレス）を着て帽子をかぶる」のが望ましいとされていました。そこでいま、往年のならいに敬意を表して、帽子をかぶってティーダンスにいらした方には、シャンパンを一杯、無料でふるまっているのです。伝説的なバンドリーダー、ヴィクター・シルベスターが〈サヴォイ・オーフィアンズ〉を率いていたのもこのころですし、イタリアの映画俳優ルドルフ・ヴァレンティノがはじめてサヴォイを訪れたのは、午後の"テ・ダンサン（ティーダンス）"で踊ったときのことでした。ついでながら、サヴォイが雇った最初の芸術家はシュトラウス一族の一員です。音楽でゲストの食事を彩ったのは、「英国人のテーブルに垂れ込める沈黙を埋めよう」という発想によるものでした。現在は、四人組のバンドが奏でるポピュラーなワルツやタンゴに合わせてステップを踏み、心ゆくまでアフタヌーンティーを楽しむことができます。

スモークサーモンベーグル
smoked salmon bagels

8個分

ベーグル　2個
横半分に切り、さらに縦半分に切っておく

生クリーム　大さじ4

おろしたてのホースラディッシュ
小さじ2
（またはホースラディッシュクリーム
小さじ4）

スモークサーモン（大きめのもの）
4枚
半分に切っておく

黒コショウ（挽きたてのもの）

ベーコン（あれば）　4枚

カイワレダイコン（ガーデンクレス）　1束

ベーグルをグリルに入れ、切った面を焼く。生クリームとホースラディッシュを混ぜ、ベーグルに塗る。スモークサーモンをのせる。コショウを少々、挽きかける。

ベーコンを使う場合は、直火であぶり、それぞれ半分に切る。1枚ずつベーグルにのせ、カイワレダイコンを散らす。

　もちろんサンドウィッチはアフタヌーンティーの中心メニューで、できたてに越したことはありません。アントン・エイデルマンは言います。「サンドウィッチには、欠かせないフィリングがあります——タマゴやトマトがその例です。サヴォイでは、ワカモレ添えのエビなども使いましたが。パンは焼きたてで、バターをごく薄く塗ること。そうすればサンドウィッチは羽のように軽くなります」ありがたいことに彼は、ビートルズの面々が選んだフィリングを支持しませんでした。サヴォイ滞在中に4人が注文したのは、なんと豆のサンドウィッチだったのです……。

チーズサブレ
cheese sablés

20個分　薄力粉　150g

パルメザンチーズ（おろしたてのもの）150g

バター　150g

卵黄　1個分

薄力粉とチーズをボウルに入れて混ぜ、指先でバターとこすり合わせ、むらなく混ぜる。卵黄を加えて固めの生地を作る。おおいをかけ、涼しい場所で約30分ねかせる。

オーブンを200℃に温めておく。

軽く粉を打った台の上で、生地を厚さ5〜6mmにのばす。直径6cmの円形の型で抜き、天板に並べる。約20分、黄金色になるまで焼き、ケーキクーラーにのせて冷ます。

ホウレンソウとチェダーのエクルズ
spinach and cheddar eccles

4個分

無塩バター　20g

リンゴ
（皮をむき、細かく刻む）　30g

レモンの絞り汁　小さじ1

タマネギのみじん切り　1/2個分

植物油　大さじ2

ホウレンソウ　50g
さっと湯がいて水気を切り、適当な長さに切っておく

塩、コショウ（挽きたてのもの）

チェダーチーズ　90g
粗く砕いておく

干しブドウ　45g

パフペースト（89ページ参照）　200g

溶き卵　1個分

小鍋にバターを溶かし、リンゴとレモンの絞り汁を加え、リンゴがやわらかくなるまで煮る。

別の鍋に油を引き、しんなりと透き通るまでタマネギを炒める。ホウレンソウを加え、塩とコショウで味つけする。火から下ろし、冷めたら、チェダーチーズ、煮たリンゴ、干しブドウを混ぜ合わせ、フィリングを作る。

軽く粉を打った台の上で、パフペーストを厚さ3mmにのばす。直径15cmの円形を4つ抜き取り、4等分したフィリングを、それぞれ中央にのせる。ペーストの縁に水をつけ、フィリングを隠すように包みこむ。口を真ん中で押し合わせて、しっかり閉じる。

これを裏返して閉じた面を下にし、そっとのばして厚さ2.5cmにする。表面にはけで溶き卵を塗り、それぞれ二つに切り分ける。油を塗った天板にペーストを並べ、涼しい場所で15分ねかせる。

オーブンを200℃に温めておく。

約20分、黄金色になるまで焼く。温かいうちにサーブする。

アントン・エイデルマンのことばから
　「ワインと同じように、紅茶もあれこれ試していただきたいのですが、みなさんいつも同じものを飲まれます。よく考えるのですよ、サヴォイでもティーワゴンに4、5種類の紅茶をのせて回ろうかと——そうすれば、アールグレイのあとに、ほかのものも飲んでいただけるでしょう？」

トマトスネイル
tomato snails

24個分

薄力粉　225g

無塩バター　50g

クリームチーズ　45g

卵黄　1個分

フィリングの材料

ペコリーノチーズ　100g
おろしておく

オリーブオイル漬けのドライトマト
90g
油を切っておく

アンチョビ　100g
油を切り、刻んでおく

ブラックオリーブの実
（種を除いたもの）　90g
刻んでおく

生地は前日に作っておいてもよい。またはスネイル（かたつむり）の状態で冷凍しておけば、いつでも解凍して焼くことができる。

薄力粉をボウルにふるい、バターとクリームチーズを粉とすり合わせて、細かいそぼろ状にする。卵黄を加え、生地がやわらかくなめらかになるまで冷水を加える。ラップで包み、冷蔵庫で20分ねかせる。

オーブンを200℃に温めておく。

軽く粉を打った台の上で、生地を35×30cmの長方形にのばす。ペコリーノチーズをむらなく振りかけ、残りのフィリングの材料も全体に散らす。生地を、長い辺からスイスロール状に巻き、1.5cm幅のスネイルに切り分ける。油を塗った天板に、切った面を上にして並べ、約20分、黄金色になるまで焼く。温かいうちにサーブする。

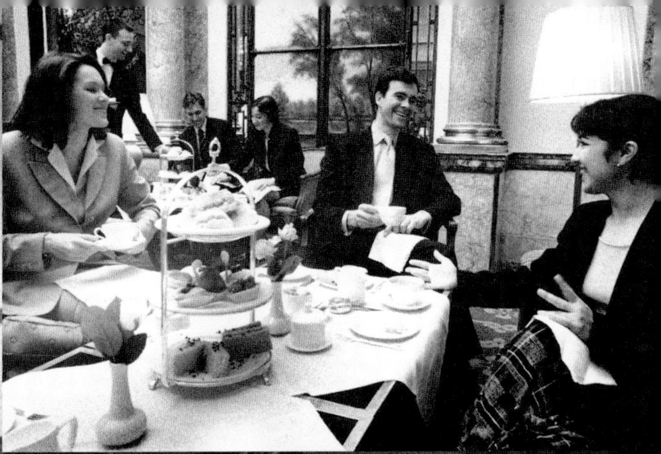
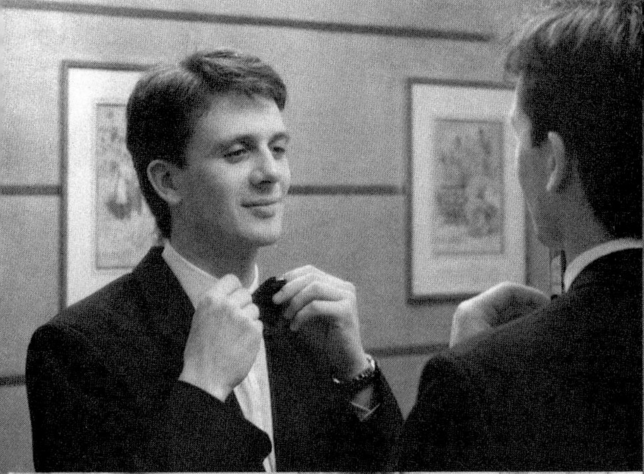
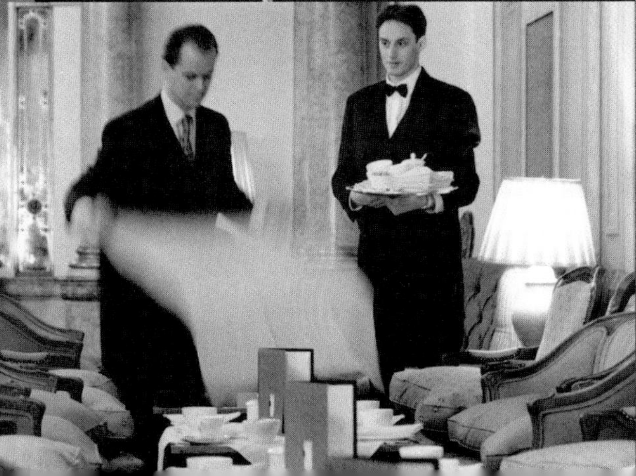
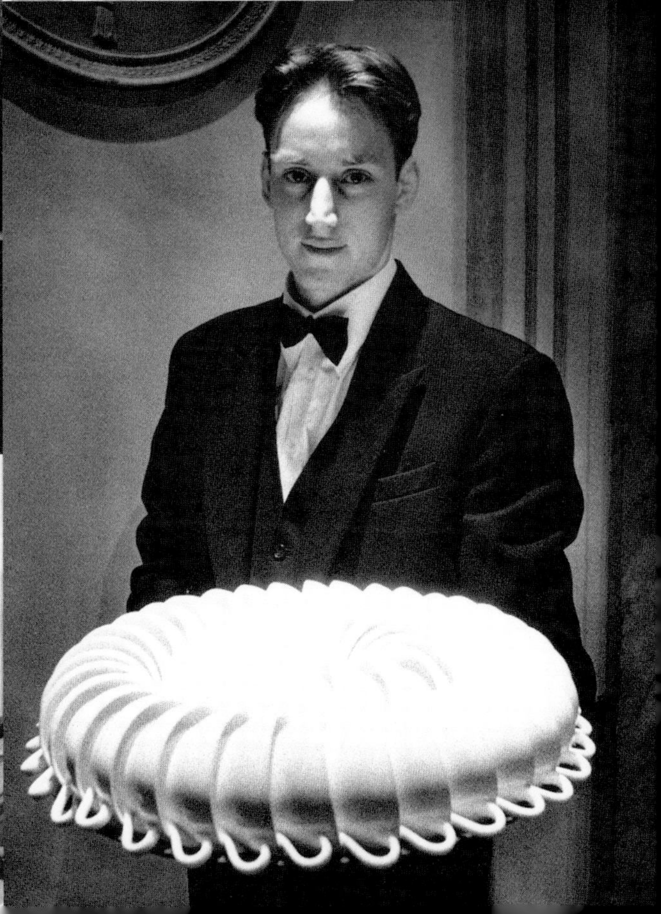

スイスマッシュルーム・レアビット
swiss mushroom rarebit

4個分

シイタケ（中）　8個

シャロット　2個
皮をむき、みじん切りにしておく

無塩バター　120g

マッシュルーム　250g
みじん切りにしておく

塩、コショウ（挽きたてのもの）

白ワイン（辛口）　100ml

薄力粉　大さじ2

牛乳　200ml

エメンタールチーズ　50g
おろしておく

卵黄　2個分

ディジョンマスタード　小さじ1

ヘビークリーム
（乳脂肪濃度の高いクリーム）　大さじ1

カイエンペッパー　適宜

ウスターソース　適宜

食パン　4枚

サヴォイでお茶を

シイタケの汚れを拭き、軸を外してみじん切りにする。かさはそのままの形でとっておく。

シャロットをバター45gで炒め、しんなりと透き通るまで火を通す。マッシュルームと先ほど刻んだ軸を加え、さらに数分炒める。塩とコショウで味を整えて白ワイン小さじ1を加え、汁気がなくなるまでゆっくり炒める。

残りのバターを小さな厚底鍋に入れて溶かし、薄力粉を加える。中火で2分炒め、たえずかき混ぜながら、残りのワインと牛乳を加える。ここで生地がダマになる場合があるが、ワインのせいなので、気にせず続けること！　よく混ぜながら2〜3分煮立て、なめらかなソースに仕上げる。ダマがあれば、ソースを目の細かいこし器にかけるとよい。

火から下ろし、おろしたチーズの3/4量、卵黄、マスタード、クリームを加える。好みに合わせてカイエンペッパーとウスターソースで味を整える。

グリルを予熱する。

とっておいたシイタケのかさを、油を引いた天板に並べ、炒めたキノコを詰める。軽くソースをかけ、残りのチーズを散らす。グリルに入れ、焦げ目がついてブクブク泡立つまで焼く。

同時にパンをグリルでトーストし、シイタケのかさの大きさに切る。トーストにひとつずつシイタケをのせ、一度にサーブする。

ペストリークリーム
pastry cream

約210g分

牛乳　150ml

バニラビーンズ　1/4さや
さやを開いて、ビーンズをかき出しておく

卵黄　1個分

グラニュー糖　20g

薄力粉　20g
ふるいにかけておく

牛乳、バニラビーンズのさやと中身を鍋に入れ、とろ火で沸かす。ボウルに卵黄と砂糖を入れ、白っぽくクリーム状になるまで泡立て器で混ぜる。薄力粉を加え、なめらかに混ぜ合わせる。沸かした牛乳の半量を加え、全体になじませてから鍋にもどし、よく混ぜながら1分煮立て、生地がもったりとするまで火を通す。たえずかき混ぜること。目の細かい裏ごし器にかける。

このクリームは、冷蔵庫で2～3日もつ。前もって作った場合は、必ずすぐ冷蔵庫に入れて、しっかり冷やすこと。

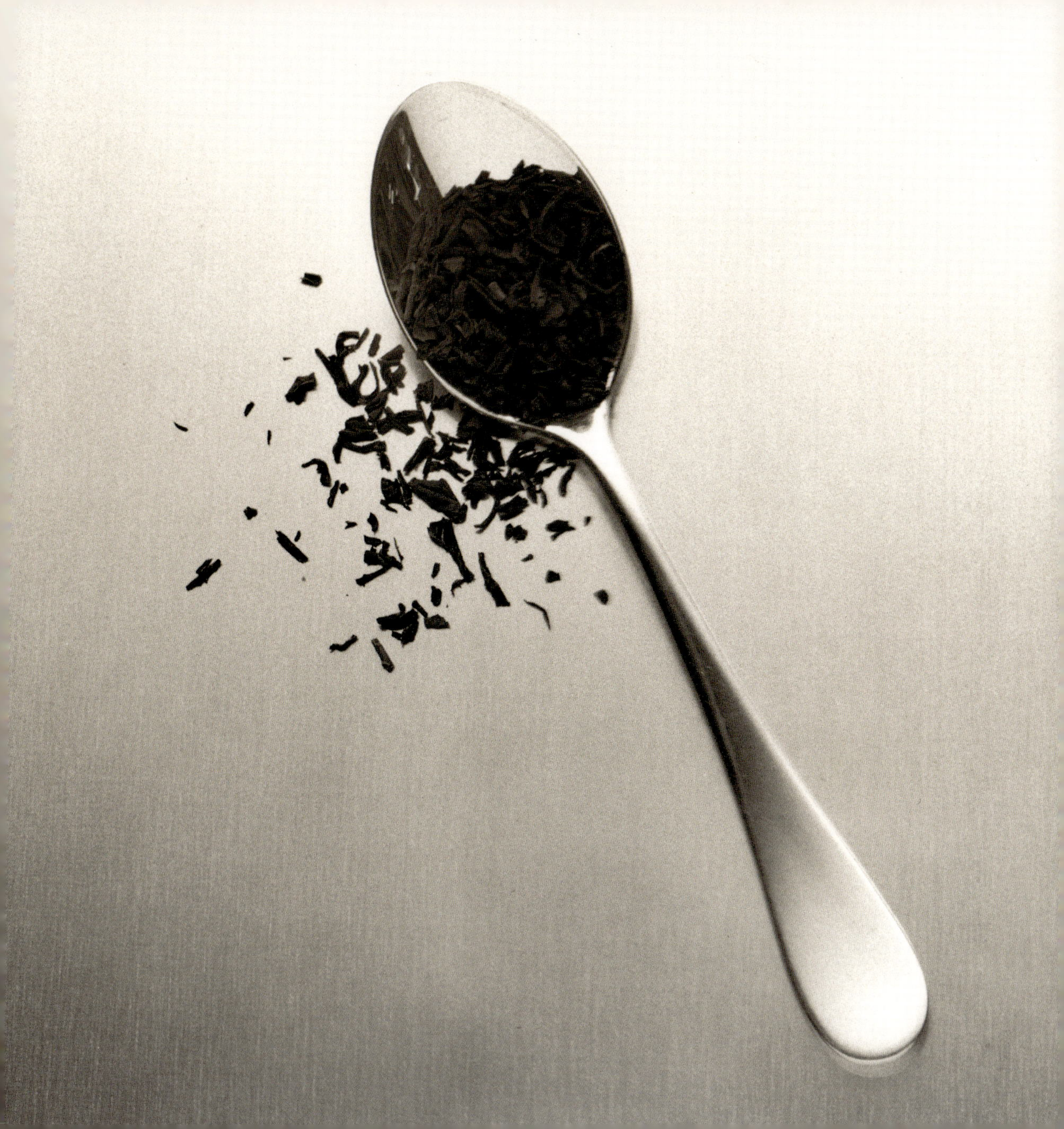

フランジパーヌ
frangipane

約425g分	無塩バター　120g 室温にもどしておく グラニュー糖　120g 卵　2個 泡立てておく 薄力粉　25g ふるいにかけておく アーモンドプードル　120g ふるいにかけておく	バターと砂糖をハンドミキサーにかけ、ふんわりと軽くなるまで混ぜる。ミキサーを回しながら、卵をゆっくり加える。薄力粉とアーモンドを加え、よく混ぜる。おおいをかけ、冷蔵庫で保存する。

シュー皮用生地
choux pastry

約280g分	牛乳　120ml 無塩バター　50g 薄力粉　65g ふるいにかけておく 塩　ひとつまみ 卵　2個	牛乳とバターをソースパンに入れて火にかけ、バターが溶けるまで煮る。弱火に落とし、薄力粉と塩を加え、生地がなめらかになるまでよく混ぜる。混ぜながら、2～3分火を通す。ボウルに移し、卵をひとつずつ混ぜ合わせる。完全に冷めないうちに使うこと。

パフペースト
puff pastry

約1.6kg分

無塩バター　675g

薄力粉　675g

塩　小さじ1〜1 1/2

冷水　275ml

レモンの絞り汁　1/2個分

バターペーストを作る。バター500gと薄力粉175gを冷たい台の上でこねる。よく混ざったら、ブロック状にまとめて冷蔵庫に入れる。

残りのバターを、残りの薄力粉、塩とこすり合わせ、そぼろ状にする。冷水とレモンの絞り汁を加えて混ぜ、なめらかで弾力のある生地にしあげる。

生地をボール状にまとめ、十字形の切り込みを上から深さ1/3まで入れる。切り込みを開き、それぞれ厚さ約5mm、幅12.5cm、長さ12.5cmにのばす。中央部にバターペーストをのせ、のばしたフラップを反時計まわりに閉じてバターペーストを包み、しっかり封をする。

生地を横30×縦60cmの長方形にのばす。上下を折って中心線で合わせ、さらに縦半分に折り、2枚重ねの部分を4カ所に作る。これをダブルターンと呼ぶ。濡れぶきんをかけ、冷蔵庫で30分以上ねかせる。

さらに4回ダブルターンをくり返し、そのたびに濡れぶきんをかけて冷蔵庫でねかせながら、最後はできればひと晩ねかせてから、使う。

スイートペストリー
sweet pastry

約700g分

無塩バター　225g

グラニュー糖　100g

溶き卵　1個

薄力粉　350g

塩　ひとつまみ

バターと砂糖を、白っぽくなるまで混ぜる。卵をゆっくり加え、混ぜる。少しずつ薄力粉と塩を加え、なめらかなペースト状になるまで混ぜる。

おおいをかけ、冷蔵庫で1時間以上ねかせてから使う。

シュガーシロップ
sugar syrup

約600ml分

グラニュー糖　250g

水　500ml

レモンの絞り汁　少々

砂糖と水をソースパンに入れて弱火にかけ、ときどきかき混ぜながら溶かす。レモンの絞り汁を加え、沸かす。1分煮立てたら、置いて冷ます。このシロップは、冷蔵庫で1～2週間もつ。

サヴォイでお茶を
～taking tea at the Savoy～

2002年11月1日　初版1刷発行

著　者	アントン・エイデルマン
訳　者	日暮雅通
発行所	パーソナルメディア株式会社
	〒142-0051　東京都品川区平塚1-7-7 MYビル
	ＴＥＬ：(03)5702-0502
	ＦＡＸ：(03)5702-0364
	E-mail：pub@personal-media.co.jp
	振替：00140-6-105703
印刷・製本	日経印刷株式会社

© 2002　Masamichi Higurashi　　　　Printed in Japan
ISBN4-89362-197-1 C0077

The
mp
Dm9
years
p
1946 by Famous Music Corporation, New York,
renewed 1973 by Famous Music Corporation
Made in U.S.A.
Copyright Owner